박인환문학관 학술연구총서 2

박인환 시 전집

덕수공립보통학교에 다닐 때 살던 집
(종로구 원서동 134번지)

이정숙과의 결혼식(1948년 4월, 덕수궁 석조전)

결혼 뒤 살던 집터(종로구 세종로 135번지)

1956년 1월 27일 『선시집』 출판기념회에서의 박인환 시인과 부인 이정숙 여사

마리서사 앞에서 임호권 시인과 함께(1947년 3월)

마리서사 현재의 위치(종로3가 낙원동 입구)

1956년 9월 19일 추석, 망우리 묘소에 시비 세워지다

박인환 시인의 세 자녀(세형, 세화, 세곤)

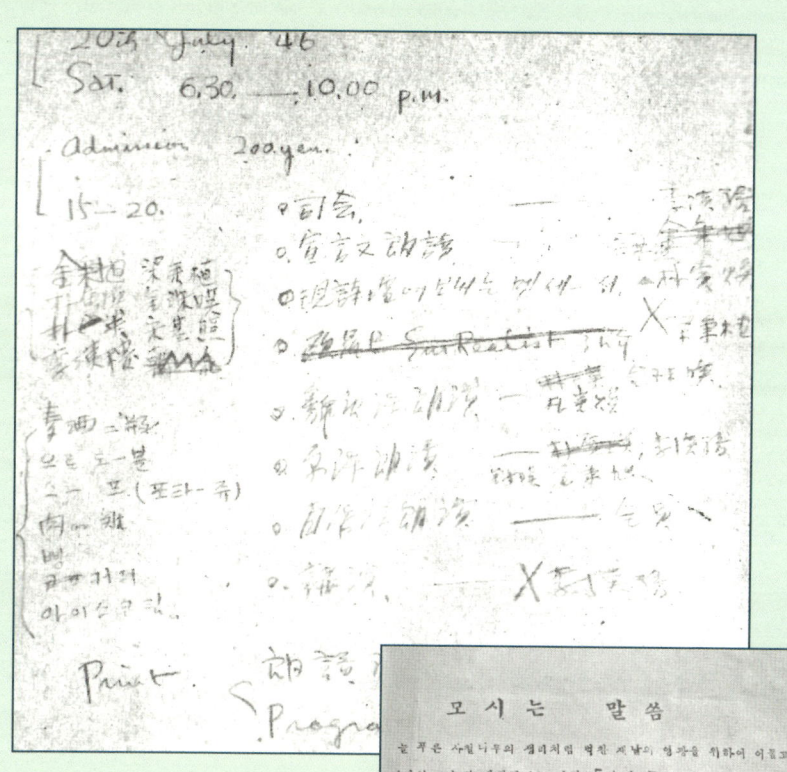

박인환 시인의 육필로 작성된 문학 행사 프로그램(1046). 양병식 시인 제공

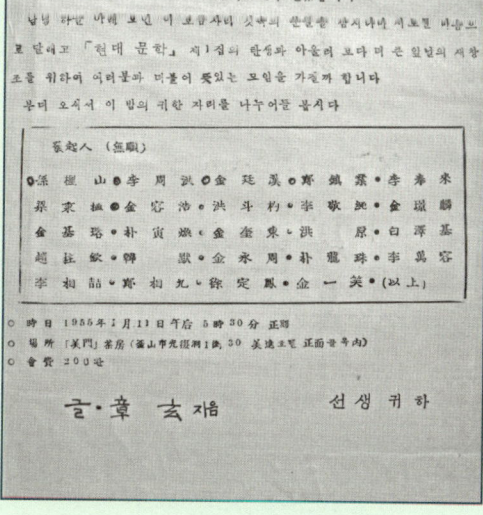

『현대문학』 동인지 출간 모임 초대장(1955. 1)

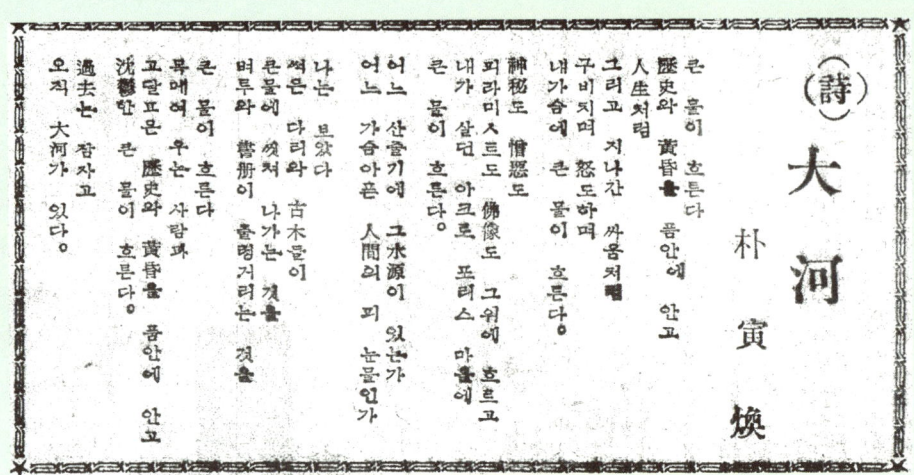

「대하(大河)」(『국도신문』, 1956. 1. 29)

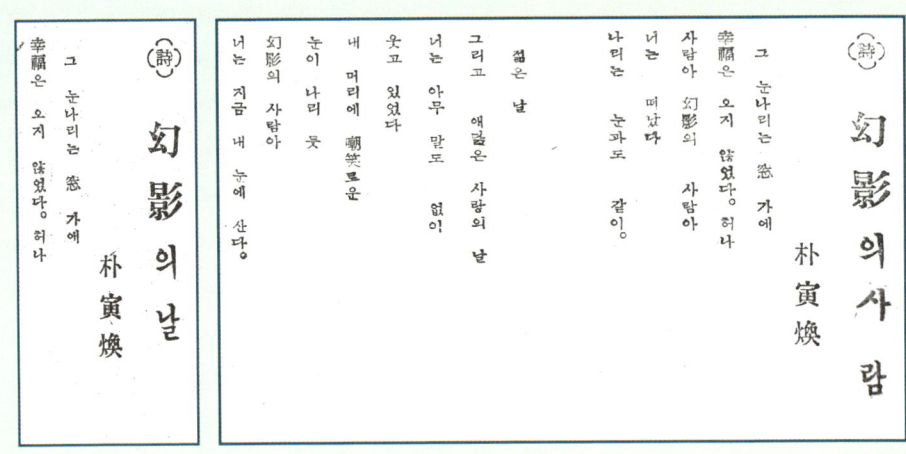

「환영의 사람」(『민주경찰』, 1956. 2)

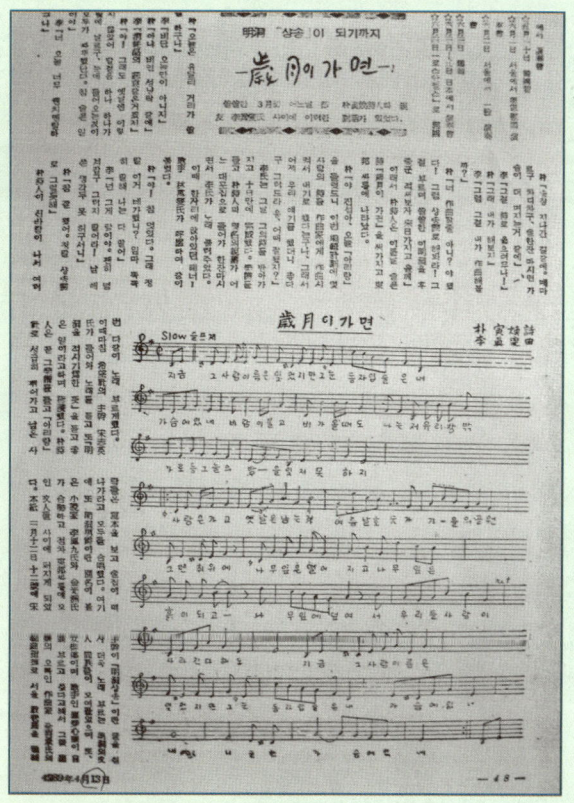

〈세월이 가면〉 악보(『주간희망』, 1956. 4)

『신시론』제1집 표지
(산호장, 1948. 4)

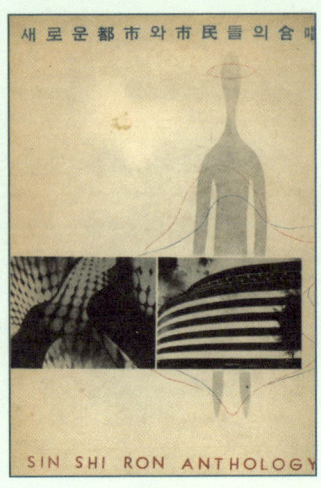
『새로운 도시와 시민들의 합창』표지
(도시문화사, 1949. 4)

『선시집』표지
(산호장, 1955. 10. 15)

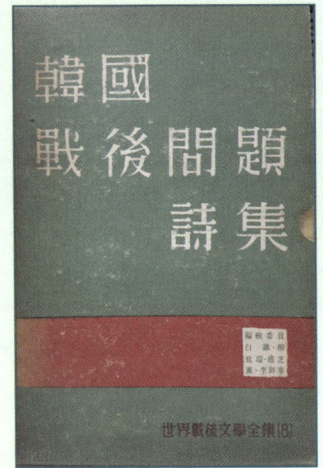
박인환의 시「최후의 회화」외 13편이 수록된『한국 전후 문제 시집』(신구문화사, 1964)

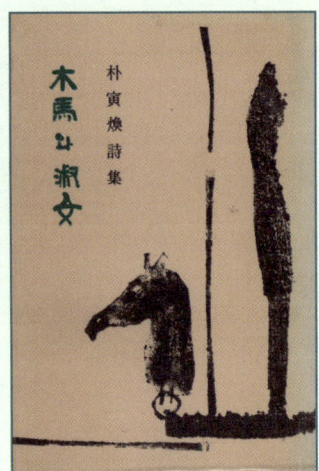
『목마와 숙녀』표지
(근역서재, 1976)

문승묵 엮음『사랑은 가고 과거는 남는 것-박인환 전집』
(예옥, 2006)

박인환문학관(인제군) 촬영 : 김창수 사진작가

맹문재 엮음
『박인환 번역 전집』(2019)

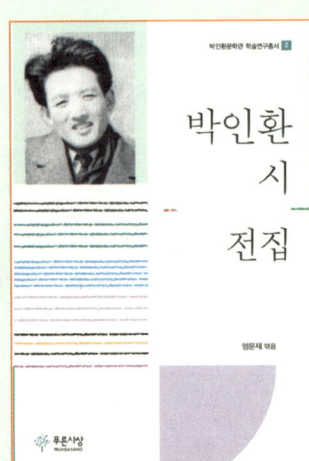
맹문재 엮음
『박인환 시 전집』(2020)

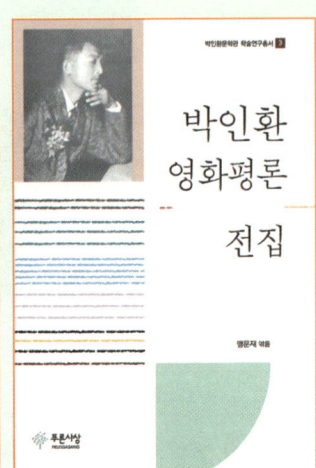
맹문재 엮음
『박인환 영화평론 전집』(2021)

맹문재 엮음
『박인환 평론 전집』(2022)

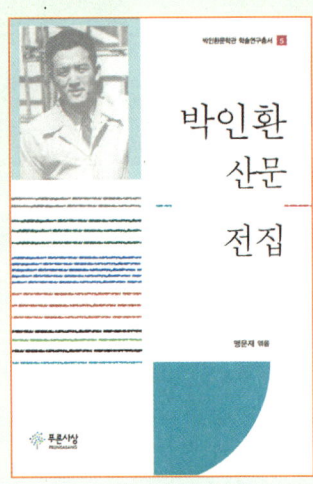
맹문재 엮음
『박인환 산문 전집』(2023)

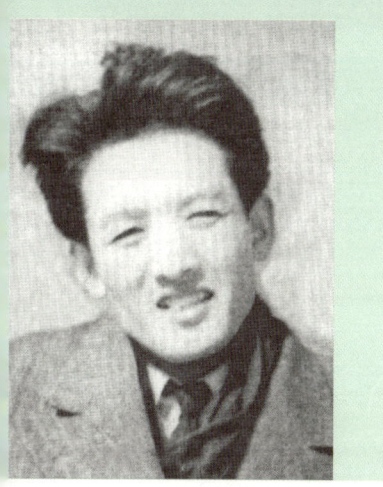

박인환 시 전집

맹문재 엮음

책머리에

　작년에 인제군 문화재단의 지원으로 『박인환 번역 전집』을 선보인 데 이어 두 번째 성과물로 『박인환 시 전집』을 간행한다. 내년에는 『박인환 영화평론 전집』을 간행할 예정이다. 이렇게 박인환 시인의 창작물을 최대한 발굴해 모으는 일이 연구자로서 우선적으로 해야 할 작업이라고 생각한다.

　올해부터는 인제군과 인제군문화재단, 경향신문, 박인환시인기념사업추진위원회가 '박인환상'을 제정해 공모 형태로 시행한다. 모집 분야는 박인환의 문학 연구와 영화평론이다. 「목마와 숙녀」「세월이 가면」 등으로 대중들에게 많은 사랑을 받았지만, 그것이 오히려 박인환 시인을 명동의 댄디보이로 왜곡시켜 학계와 문단에서 소외당하는 결과를 가져왔다. 박인환의 작품 세계가 본격적인 연구 대상이 되어 참으로 다행이다.

　박인환 시인 연구에 큰 힘을 준 인제군 문화재단과 서지학자 문승묵 선생님께 감사의 인사를 드린다. 연보를 감수해준 박인환 시인의 아드님인 박세형 선생님, 자료 입력에 많은 수고를 해준 이주희 시인, 인제의 최병헌·손흥기 시인, 서지학자 김병호 선생님, 여러 가지 도움을 준 권태훈

학예연구사께도 감사의 말씀을 드린다. 편집 작업에 수고해준 한봉숙 대표님을 비롯해 푸른사상사의 식구들에게도 고마움을 전한다.

『박인환 전집』을 간행하면서 10년이라는 시간을 많이 생각했는데, 이번에도 마찬가지이다. 무슨 일을 하든지 10년이 필요하다는 것을 새롭게 깨닫는다.

박인환의 시 「대하(大河)」의 다음 구절이 필자의 그 마음이다.

> 역사와 황혼을 품 안에 안고
> 인생처럼
> 그리고 지나간 싸움처럼
> 굽이치며 노도하며
> 내 가슴에 큰물이 흐른다.

2020년 8월
맹문재

■··· 차례

■ 책머리에 　16

제1부　『신시론』
고리키의 달밤　　　　　　　　　　　　　　　　　27

제2부　『새로운 도시와 시민들의 합창』

장미의 온도

열차　　　　　　　　　　　　　　　　　　　　　33
지하실　　　　　　　　　　　　　　　　　　　　35
인천항　　　　　　　　　　　　　　　　　　　　37
남풍　　　　　　　　　　　　　　　　　　　　　40
인도네시아 인민에게 주는 시　　　　　　　　　　42

제3부　『선시집(選詩集)』

서적과 풍경

세 사람의 가족　　　　　　　　　　　　　　　　51
최후의 회화(會話)　　　　　　　　　　　　　　　53

낙하	55
영원한 일요일	57
자본가에게	59
회상의 긴 계곡	61
일곱 개의 층계	63
기적인 현대	66
불행한 신(神)	68
검은 신(神)이여	70
미래의 창부(娼婦)	72
밤의 노래	74
벽	76
살아 있는 것이 있다면	78
불신의 사람	80
서적과 풍경	82
1953년의 여자에게	86
종말	88
밤의 미매장(未埋葬)	91
의혹의 기(旗)	94
문제 되는 것	96
눈을 뜨고도	98
행복	100

미스터 모(某)의 생과 사	102
목마와 숙녀	104
센티멘털 저니	106

아메리카 시초(詩抄)

태평양에서	111
15일간	113
충혈된 눈동자	115
어느 날	117
어느 날의 시가 되지 않는 시	119
여행	121
수부(水夫)들	123
에버렛의 일요일	124
새벽 한 시의 시	126
다리 위의 사람	128
투명한 버라이어티	130

영원한 서장(序章)

어린 딸에게	137
한 줄기 눈물도 없이	139
잠을 이루지 못하는 밤	141

검은 강	144
고향에 가서	146
신호탄	148
무도회	150
서부전선에서	152
부드러운 목소리로 이야기할 때	153
새로운 결의를 위하여	155

서정 또는 잡초

식물	159
서정가(抒情歌)	160
식민항(植民港)의 밤	161
장미의 온도	162
나의 생애에 흐르는 시간들	163
불행한 샹송	165
사랑의 파라볼라(Parabola)	167
구름	169
전원(田園)	171

제4부　기타 시편들

언덕　　　　　　　　　　　　　　　177
정신의 행방을 찾아　　　　　　　178
1950년의 만가　　　　　　　　　180
약속　　　　　　　　　　　　　　181
바닷가의 무덤　　　　　　　　　182
구름과 장미　　　　　　　　　　184
봄은 왔노라　　　　　　　　　　186
가을의 유혹　　　　　　　　　　188
봄 이야기　　　　　　　　　　　190
주말　　　　　　　　　　　　　　192
무희(舞姬)가 온다 하지만　　　　194
하늘 아래서　　　　　　　　　　196
대하(大河)　　　　　　　　　　　197
환영의 사람　　　　　　　　　　199
봄의 바람 속에　　　　　　　　　200
인제　　　　　　　　　　　　　　202

제5부　유고 시

죽은 아폴론　　　　　　　　　　207
뇌호내해(瀨戶內海)　　　　　　　209

침울한 바다	210
옛날의 사람들에게	212
이국 항구	215
세월이 가면	217
5월의 바람	219
3·1절의 노래	220
거리	222
어떠한 날까지	224
이 거리는 환영한다	226

제6부 번역 시

도시의 여자들을 위한 노래	231

■ 작품 해설	235
■ 작품 연보	246
■ 박인환 연보	259

■ 부록	박인환의 전기 시작품에 나타난 동아시아 인식 고찰	269
	박인환의 시에 나타난 엘리엇과 스펜더의 시론 수용 양상	291

일러두기

1. 작품들을 작품집 발간 순서로 분류해서 발표 연대순으로 배열했다.
2. 맞춤법과 띄어쓰기는 특수성을 살리는 것이 필요한 경우를 제외하고 현대 맞춤법 규정에 따랐다. 의미를 정확하게 밝힐 필요가 있는 어휘는 한자를 괄호 안에 넣어 병기했다.
3. 작품의 본래 주(註)는 원문대로 수록했다.
4. 부호 사용의 경우, 단행본 및 잡지와 신문명은 『 』, 문학 작품명은 「 」, 다른 분야 작품명은 〈 〉, 대화는 " ", 강조는 ' ' 등으로 통일했다.

제1부

신시론

(산호장, 1948)

고리키[1]의 달밤

기복(起伏)하던
청춘의 산맥은
파도 소리처럼 멀어졌다

바다를 헤쳐 나온 북서풍
죽음의 거리에서 헤매는
내 성격을 또다시 차디차게 한다

이러한 시간이라도
산간에서 남모르게 솟아 나온
샘물은
왼쪽 바다
황해로만 기울어진다

소낙비가 음향처럼 흘러간 다음
지금은 조용한

---

1 원본에는 '골키-'로 표기됨. 다음 두 가지로 유추됨. ① 고리키 : 모스크바에서 35㎞ 떨어진 마을. 레닌이 휴식을 취한 곳이면서 생을 마감한 곳. 레닌이 타계한 뒤 고르키 레닌스키예(Gorki Leninskiye)로 지명이 바뀜. ② 고리키 : 러시아 사회주의 리얼리즘 문학의 창시자로 평가받는 막심 고리키(Aleksey Maxim Gorky).

고리키의 달밤

오막살이를 뛰어나온
파벨[2]들의 해머는
눈을 가로막은 안개를 부순다

새벽이 가까웠을 때
해변에는
발자국만이 남아 있었다

정박한 기선은 군대를 끌고
포탄처럼
내 가슴을 뚫고 떠났다

---

2 Pavel : 막심 고리키의 소설 『어머니』에 등장하는 인물. 주인공 닐로바(Nilova)의 아들.

제2부

새로운 도시와 시민들의 합창

(도시문화사, 1949)

장미의 온도

열차

> 궤도 위에 철(鐵)의 풍경을 질주하면서
> 그는 야생(野生)한 신시대의 행복을 전개한다
> 스티븐 스펜더[1]

폭풍이 머문 정거장 거기가 출발점
정욕과 새로운 의욕 아래
열차는 움직인다
격동의 시간
꽃의 질서를 버리고
공규(空閨)한 나의 운명처럼
열차는 떠난다
검은 기억은 전원(田園)에 흘러가고
속력은 서슴없이 죽음의 경사(傾斜)를 지난다

청춘의 북받침을
나의 시야에 던진 채
미래에의 외접선(外接線)을 눈부시게 그으며
배경은 핑크빛 향기로운 대화
깨진 유리창 밖 황폐한 도시의 잡음을 차고

---

1 Sir Stephen Spender(1909~1995) : 영국의 시인, 문학비평가. 1930년대 문학사에서 중요하게 평가됨.

율동하는 풍경으로
활주하는 열차

가난한 사람들의 슬픈 관습과
봉건의 터널 특권의 장막을 뚫고
피비린 언덕 넘어 곧
광선의 진로를 따른다
다음 헐벗은 수목(樹木)의 집단 바람의 호흡을 안고
눈이 타오르는 처음의 녹지대
거기엔 우리들의 황홀한 영원의 거리가 있고
밤이면 열차가 지나온
커다란 고난과 노동의 불이 빛난다
혜성보다도
아름다운 새날보담도 밝게

지하실

황갈색 계단을 내려와
모인 사람은
도시의 지평에서 싸우고 왔다

눈앞에 어리는 푸른 시그널
그러나 떠날 수 없고
모두들 선명한 기억 속에 잠든다
달빛 아래
우물을 푸던 사람도
지하의 비밀은 알지 못했다

이미 밤은 기울어져 가고
하늘엔 청춘이 부서져
에메랄드의 불빛이 흐른다

겨울의 새벽이여
너에게도 지열(地熱)과 같은 따스함이 있다면
우리의 이름을 불러라

아직 바람과 같은

속력이 있고

투명한 감각이 좋다

인천항

사진잡지에서 본 향항(香港)² 야경을 기억하고 있다
그리고 중일전쟁 때
상해 부두를 슬퍼했다

서울에서 30킬로를 떨어진 곳에
모든 해안선과 공통되어 있는
인천항이 있다

가난한 조선의 프로필을
여실히 표현한 인천 항구에는
상관(商館)도 없고
영사관(領事館)도 없다

따뜻한 황해의 바람이
생활의 도움이 되고자
냅킨³ 같은 만내(灣內)에 뛰어들었다

해외에서 동포들이 고국을 찾아들 때

---

2 향항(香港) : 홍콩의 한자어 표기.
3 냅킨 : 원본에는 '나푸킨'으로 표기됨.

그들이 처음 상륙한 곳이
인천 항구이다

그러나 날이 갈수록
은주(銀酒)⁴와 아편과 호콩이 밀선(密船)에 실려오고
태평양을 건너 무역풍(貿易風)을 탄 칠면조가
인천항으로 나침(羅針)을 돌렸다

서울에서 모여든 모리배는
중국서 온 헐벗은 동포의 보따리같이
화폐의 큰 뭉치를 등지고
황혼의 부두를 방황했다

밤이 가까울수록
성조기가 퍼덕이는 숙사(宿舍)와
주둔소의 네온사인은 붉고
정크⁵의 불빛은 푸르며
마치 유니언 잭⁶이 날리던
식민지 향항(香港)의 야경을 닮아간다

---

4 은주(銀酒) : 중국인들이 생일날 먹는 색이 없는 술. 색이 있는 술은 금주(金酒).
5 junk : 승객이나 화물을 운송하는 작은 배. 원본에는 '짠그'로 표기됨.
6 Union Jack : 영국의 국기. 잉글랜드 · 스코틀랜드 · 북아일랜드의 국기를 하나로 합친 것.

조선의 해항(海港) 인천의 부두가
중일전쟁 때 일본이 지배했던
상해의 밤을 소리 없이 닮아간다

남풍

거북이처럼 괴로운 세월이
바다에서 올라온다

일찍이[7] 의복을 빼앗긴 토민(土民)
태양 없는 마레[8] —
너의 사랑이 백인의 고무원(園)에서
소형(素馨)[9]처럼 곱게 시들어졌다

민족의 운명이
크메르[10] 신(神)의 영광과 함께 사는
앙코르와트의 나라
월남 인민군
멀리 이 땅에도 들려오는
너희들의 항쟁의 총소리

가슴 부서질 듯 남풍이 분다

---

7   원본에는 '일즉이'로 표기됨.
8   말레이시아.
9   재스민의 중국어 표기.
10 Khmer : '캄보디아'의 이전 이름.

계절이 바뀌면 태풍은 온다

아세아 모든 위도(緯度)
잠든 사람이여
귀를 기울여라

눈을 뜨면
남방(南方)의 향기가
가난한 가슴팍으로 스며든다

인도네시아 인민에게 주는 시

동양의 오케스트라
가믈란[11]의 반주악이 들려온다
오 약소민족
우리와 같은 식민지의 인도네시아

300년 동안 너희 자원은
구미 자본주의 국가에 빼앗기고
반면 비참한 희생을 받지 않으면
구라파의 반이나 되는 넓은 땅에서
살 수 없게 되었다 그러는 사이
가믈란은 미칠 듯이 울었다

홀란드[12]의 58배나 되는 면적에
홀란드인은 조금도 갖지 않은 슬픔을
밀림처럼 지니고
7천 73만 인(人) 중 한 사람도
빛나는 남십자성[13]은 쳐다보지도 못하며 살아왔다

---

11 gamelan : 인도네시아의 민속 합주 음악 또는 그 악기들.
12 Holland : 네덜란드의 영어 이름. 음역어는 '화란(和蘭)'.
13 南十字星 : 남쪽 하늘의 은하수 가운데에 위치하여 '十' 자 모양을 이루는 네 개의 별.

수도 족자카르타[14]
상업항(商業港) 수라바야[15]
고원 분지의 중심지 반둥[16]의 시민이여
너희들의 습성이 용서하지 않는
남을 때리지 못하는 것은
회교(回敎) 정신에서 온 것만이 아니라
동인도회사(東印度會社)가 붕괴한 다음
홀란드의 식민 정책 밑에
모든 힘까지도 빼앗긴 것이다

사나이는 일할 곳이 없었다 그러므로
약한 여자들이 백인 아래 눈물 흘렸다
수만의 혼혈아는
살길을 잃어 애비를 찾았으나
수라바야를 떠나는 상선(商船)은
벌써 기적을 울렸다

홀란드인은 포르투갈이나 스페인처럼
사원(寺院)을 만들지 않았다
영국인처럼 은행도 세우지 않았다

---

14 Djokjakarta : 욕야카르타(Yogyakarta). 인도네시아 자바섬 중부에 위진한 도시로 전통문화의 중심을 이룸.
15 Surabaya : 인도네시아의 자바섬 중북부에 있는 항구 도시.
16 Bandung : 인도네시아의 서부 자바섬에 위치한 도시.

토인(土人)은 저축심이 없을 뿐만 아니라
저축할 여유란 도무지 없었다
홀란드인은 옛말처럼 도로를 닦고
아세아의 창고에서 임자 없는 사이
자원을 본국으로 끌고만 갔다

주거와 의식은 최저도(最低度)
노예적 지위는 더욱 심하고
옛과 같은 창조적 혈액은 완전히 부패하였으나
인도네시아 인민이여
생의 광영은 홀란드의 소유만이 아니다

마땅히 요구할 수 있는 인민의 해방
세워야 할 늬들의 나라
인도네시아 공화국은 성립하였다 그런데
연립 임시정부란 또다시 박해다
지배권을 회복하려는 모략을 부숴라
이제는 식민지의 고아가 되면 못쓴다
전 인민은 일치단결하여 스콜처럼 부서져라
국가 방위와 인민 전선을 위해 피를 뿌려라
300년 동안 받아온
눈물겨운 박해의 반응으로
너희 조상이 남겨놓은
야자나무의 노래를 부르며
홀란드군의 기관총 진지에 뛰어들어라

제국주의의 야만적 제재는
너희뿐만 아니라 우리의 모욕
힘 있는 대로 영웅 되어 싸워라
자유와 자기 보존을 위해서만이 아니고
야욕과 폭압과 비민주적인
식민 정책을
지구에서 부숴내기 위해
반항하는 인도네시아 인민이여
최후의 한 사람까지 싸워라

참혹한 몇 달이 지나면
피 흘린 자바섬(島)에는
붉은 칸나의 꽃이 피려니
죽음의 보람이 남해의 태양처럼
조선에 사는 우리에게도 빛이려니
해류가 부딪치는 모든 육지에선
거룩한 인도네시아 인민의
내일을 축복하리라

사랑하는 인도네시아 인민이여
고대문화의 대유적(大遺蹟) 보로부두르[17]의 밤
평화를 울리는 종소리와 함께

---

17 Borobudur : 인도네시아 자바섬 중부 욕야카르타 북쪽에 있는 불교 유적.

가믈란에 맞추어 스림피[18]로
새로운 나라를 맞이하여라

스림피 – 자바의 대표 무용.

---

18 Srimpi : 인도네시아 자바의 고전 춤 중 하나.

제3부

선시집(選詩集)

(산호장, 1955)

아내 丁淑에게 보낸다

서적과 풍경

세 사람의 가족

나와 나의 청순한 아내
여름날 순백한 결혼식이 끝나고
우리는 유행품으로 화려한
상가의 쇼윈도를 바라보며 걸었다.

전쟁이 머물고
평온한 지평에서
모두의 단편적인 기억이
비둘기의 날개처럼 솟아나는 틈을 타서
우리는 내성(內省)과 회한에의 여행을 떠났다.

평범한 수학¹의 가을
겨울은 백합처럼 향기를 풍기고 온다.
죽은 사람들은 싸늘한 흙 속에 묻히고
우리의 가족은 세 사람.

토르소²의 그늘 밑에서
나의 불운한 편력인 일기책이 떨고

---

1 원본에는 '收獲 (수획)으로 표기됨.
2 원본에는 '톨소'로 표기됨.

그 하나하나의 지면은
음울한 회상의 지대로 날아갔다.

아 창백한 세상과 나의 생애에
종말이 오기 전에
나는 고독한 피로에서
빙화(氷花)처럼 잠들은 지나간 세월을 위해
시를 써본다.

그러나 창밖
암담한 상가
고통과 구토가 동결된 밤의 쇼윈도
그 곁에는
절망과 기아의 행렬이 밤을 새우고
내일이 온다면
이 정막(靜寞)의 거리에 폭풍이 분다.

최후의 회화(會話)

아무 잡음도 없이 멸망하는
도시의 그림자
무수한 인상과
전환하는 연대의 그늘에서
아 영원히 흘러가는 것
신문지의 경사(傾斜)에 얽혀진
그러한 불안의 격투.

함부로 개최되는 주장(酒場)의 사육제
흑인의 트럼펫
구라파 신부(新婦)의 비명
정신의 항제!
내 비밀을 누가 압니까?
체험만이 늘고
실내는 잔잔한 이러한
환영(幻影)의 침대[3]에서.

회상의 기원

---

3 원본에는 '침대(寢臺)'의 일본식 한자 표기인 '寢台'로 되어 있음.

오욕의 도시
황혼의 망명객
검은 외투에 목을 굽히면
들려오는 것
아 영원히 듣기 싫은 것
쉬어빠진 진혼가
오늘의 폐허에서
우리는 또다시 만날 수 있을까
1950년의 사절단.

병든 배경의 바다에
국화가 피었다
폐쇄된 대학의 정원은
지금은 묘지
회화(繪畫)와 이성의 뒤에 오는 것
술 취한 수부(水夫)의 팔목에 끼여
파도처럼 밀려드는
불안한 최후의 회화(會話).

낙하

미끄럼판에서
나는 고독한 아킬레스처럼
불안의 깃발 날리는
땅 위에 떨어졌다.
머리 위의 별을 헤아리면서

그 후 20년
나는 운명의 공원 뒷담 밑으로
영속된 죄의 그림자를 따랐다.

아 영원히 반복되는
미끄럼판의 승강
친근에의 증오와 또한
불행과 비참과 굴욕에의 반항도 잊고
연기 흐르는 쪽으로 달려가면
오욕의 지난날이 나를 더욱 괴롭힐 뿐.

멀리선 회색 사면(斜面)과
불안한 밤의 전쟁
인류의 상흔과 고뇌만이 늘고
아무도 인식지 못할

망각의 이 지상에서
더욱 더욱 가랁아간다.

처음 미끄럼판에서
내려 달린 쾌감도
미지의 숲속을
나의 청춘과 도주하던 시간도
나의 낙하하는
비극의 그늘에 있다.

영원한 일요일

날개 없는 여신(女神)이 죽어버린 아침
나는 폭풍에 싸여
주검의 일요일을 올라간다.

파란 의상을 감은 목사와
죽어가는 놈의
숨 가쁜 울음을 따라
비탈에서 절름거리며 오는
나의 형제들.

절망과 자유로운
모든 것을……

싸늘한 교외의 사구(砂丘)에서
모진 소낙비에 으끄러지며
자라지 못하는 유용식물(有用植物).

낡은 회귀의 공포와 함께
예절처럼 띠나비리는 태양.

수인(囚人)이여

지금은 희미한 철형(凸形)의 시간
오늘은 일요일
너희들은 다행하게도
다음 날에의
비밀을 갖지 못했다.

절름거리며 교회에 모인 사람과
수족이 완전함에 불구하고
복음도 기도도 없이
떠나가는 사람과

상풍(傷風)[4]된 사람들이여
영원한 일요일이여

---

4 바람을 쏘여서 생기는 병.

자본가에게

나는 너희들의 매니페스토[5]의 결함을 지적한다
그리고 모든 자본이 붕괴한 다음
태풍처럼 너희들을 휩쓸어갈
위험성이
파장(波長)처럼 가까워진다는 것도

옛날 기사(技師)가 도주하였을 때
비행장에 궂은비가 내리고
모두 목메어 부른 노래는
밤의 말로(末路)에 불과하였다.

그러므로 자본가여
새삼스럽게 문명을 말하지 말라
정신과 함께 태양이 도시를 떠난 오늘
허물어진 인간의 광장에는
비둘기 떼의 시체가 흩어져 있었다.

신작로를 바람처럼 굴러간

---

5 manifesto : 선언. 성명. money pest(돈벌레)로 보이기도 함.

기체(機體)의 중축(中軸)[6]은
어두운 외계 절벽 밑으로 떨어지고
조종자의 얇은 작업복이
하늘의 구름처럼 남아 있었다.

잃어버린 일월의 선명한 표정들
인간이 죽은 토지에서
타산치 말라
문명의 모습이 숨어버린 황량한 밤

성안(成案)[7]은
꿈의 호텔처럼 부서지고
생활과 질서의 신조에서 어긋난
최후의 방랑은 끝났다.

지금 옛날 촌락을 흘려버린
슬픈 비는 내린다.

---

6 원본에는 '중유(中柚)'로 되어 있으나 내용상 '중축(中軸)'의 오기인 듯.
7 계획, 방침 등에 관한 안건을 작성함.

회상의 긴 계곡

아름답고 사랑처럼 무한히 슬픈
회상의 긴 계곡
그랜드 쇼처럼 인간의 운명이 허물어지고
검은 연기여 올라라
검은 환영이여 살아라.

안개 내린 시야에
신부(新婦)의 베일인가 가늘은 생명의 연속이
최후의 송가(頌歌)와
불안한 발걸음에 맞추어
어디로인가
황폐한 토지의 이부로 떠나가는데
울음으로써 죽음을 대치하는
수없는 악기들은
고요한 이 계곡에서 더욱 서럽다.

강기슭에서 기약할 것 없이 쓰러지는
하루만의 인생
화려한 욕망
여권(旅券)은 산산이 찢어지고
낙엽처럼 길 위에 떨어지는

캘린더의 향수를 안고
자전거의 소녀여 나와 오늘을 살자.

군인이 피워 물던
물부리와 검은 연기의 인상과
위기에 가득 찬 세계의 변경(邊境)
이 회상의 긴 계곡 속에서도
열을 지어 죽음의 비탈을 지나는
서럽고 또한 환상에 속은
어리석은 영원한 순교자.
우리들.

일곱 개의 층계

가만히 눈을 감고 생각하니
지난 하루하루가 무서웠다.
무엇이나 거리낌 없이 말했고
아무에게도 협의해본 일이 없던
불행한 연대였다.

비가 줄줄 내리는 새벽
바로 그때이다
죽어간 청춘이
땅속에서 솟아 나오는 것이……
그러나 나는 뛰어들어
서슴없이 어깨를 거느리고
악수한 채 피 묻은 손목으로
우리는 암담한 일곱 개의 층계를 내려갔다.

『인간의 조건』[8]의 앙드레 말로

---

8 프랑스의 앙드레 말로(Andre Malraux, 1901~1976)가 1933년에 발표한 소설. 1927년 중국 국민당이 공산당을 축출하기 위해 대대적인 탄압을 가한 상하이 쿠데타를 무대로 함. 인간의 조건을 뛰어넘고자 했던 주인공들을 통해 인간의 위대함 이야기함.

『아름다운 지구(地區)』[9]의 아라공
모두들 나와 허물없던 우인(友人)
황혼이면 피곤한 육체로
우리의 개념이 즐거이 이름 불렀던
'정신과 관련의 호텔'에서
말로는 이 빠진 정부(情婦)와
아라공은 절름발이 사상과
나는 이들을 응시하면서……
이러한 바람의 낮과 애욕의 밤이
회상의 사진처럼
부질하게 내 눈앞에 오고 간다.

또 다른 그날
가로수 그늘에서 울던 아이는
옛날 강가에 내가 버린 영아(嬰兒)
쓰러지는 건물 아래
슬픔에 죽어가던 소녀도
오늘 환영처럼 살았다
이름이 무엇인지
나라를 애태우는지
분별할 의식조차 내게는 없다

---

9 프랑스의 루이 아라공(Louis Aragon, 1897~1982)의 작품.

시달림과 증오의 육지
패배의 폭풍을 뚫고
나의 영원한 작별의 노래가
안개 속에 울리고
지난날의 무거운 회상을 더듬으며
벽에 귀를 기대면
머나먼
운명의 도시 한복판
희미한 달을 바라
울며 울며 일곱 개의 층계를 오르는
그 아이의 방향은
어데인가.

기적인 현대

장미는 강가에 핀 나의 이름
집집 굴뚝에서 솟아나는 문명의 안개
'시인' 가엾은 곤충이여
너의 울음이 도시에 들린다.

오래도록[10] 네 욕망은 사라진 회화(繪畫)
무성한 잡초원(雜草園)에서
환영과 애정과 비벼대던
그 연대의 이름도
허망한 어젯밤 버러지.

사랑은 조각에 나타난 추억
이녕(泥濘)[11]과 작별의 여로에서
기대었던 수목은 썩어지고
전신(電信)처럼 가벼웁고 재빠른
불안한 속력은 어데서 오나.

---

10 원본에는 '오래토록'으로 표기됨.
11 땅이 질어서 질퍽하게 된 곳.

침묵의 공포와 눈짓하던
그 무렵의 나의 운명은
기적인
동양의 하늘을 헤매고 있다.

불행한 신(神)

오늘 나는 모든 욕망과
사물에 작별하였습니다.
그래서 더욱 친한 죽음과 가까워집니다.
과거는 무수한 내일에
잠이 들었습니다.
불행한 신
어데서나 나와 함께 사는
불행한 신
당신은 나와 단둘이서
얼굴을 비벼대고 비밀을 터놓고
오해나
인간의 체험이나
고절(孤絶)된 의식에
후회치 않을 것입니다.
또다시 우리는 결속되었습니다.
황제의 신하처럼 우리는 죽음을 약속합니다.
지금 저 광장의 전주(電柱)처럼 우리는 존재됩니다.
쉴 새 없이 내 귀에 울려오는 것은
불행한 신 당신이 부르시는
폭풍입니다.

그러나 허망한 천지 사이를
내가 있고 엄연히 주검이 가로놓이고
불행한 당신이 있으므로
나는 최후의 안정을 즐깁니다.

검은 신(神)이여

저 묘지에서 우는 사람은 누구입니까.

저 파괴된 건물에서 나오는 사람은 누구입니까.

검은 바다에서 연기처럼 꺼진 것은 무엇입니까.

인간의 내부에서 사멸된 것은 무엇입니까.

1년이 끝나고 그다음에 시작되는 것은 무엇입니까.

전쟁이 뺏어간 나의 친우는 어디서 만날 수 있습니까.

슬픔 대신에 나에게 죽음을 주시오.

인간을 대신하여 세상을 풍설로 뒤덮어주시오.

건물과 창백한 묘지 있던 자리에

꽃이 피지 않도록.

하루의 1년의 전쟁의 처참한 추억은
검은 신이여
그것은 당신의 주제일 것입니다.

미래의 창부(娼婦)
새로운 신(神)에게

여윈 목소리로 바람과 함께
우리는 내일을 약속지 않는다.
승객이 사라진 열차 안에서
오 그대 미래의 창부여
너의 희망은 나의 오해와
감흥만이다.

전쟁이 머무른 정원에
설레이며 다가드는
불운한 편력의 사람들
그 속에 나의 청춘이 자고
절망이 살던
오 그대 미래의 창부여
너의 욕망은
나의 질투와 발광만이다.

향기 짙은 젖가슴을
총알로 구멍 내고
암흑의 지도(地圖) 고절(孤絕)된 치마 끝을
피와 눈물과

최후의 생명으로 이끌며
오 그대 미래의 창부여
너의 목표는 나의 무덤인가.
너의 종말도 영원한 과거인가.

밤의 노래

정막한 가운데
인광처럼 비치는 무수한 눈
암흑의 지평은
자유에의 경계를 만든다.

사랑은 주검의 사면(斜面)으로 달리고
취약하게 조직된
나의 내면은
지금은 고독한 술병.

밤은 이 어두운 밤은
안테나로 형성되었다
구름과 감정의 경위도(經緯度)에서
나는 영원히 약속될
미래에의 절망에 관하여 이야기도 하였다.

또한 끝없이 들려오는 불안한 파장(波長)
내가 아는 단어와
나의 평범한 의식은
밝아올 날의 영역으로
위태롭게 인접되어 간다.

가느다란 노래도 없이
길목에선 갈대가 죽고
욱어진[12] 이신(異神)의 날개들이
깊은 밤
저 기아(飢餓)의 별을 향하여 작별한다.

고막을 깨뜨릴 듯이
달려오는 전파
그것이 가끔 교회의 종소리에 합쳐
선을 그리며
내 가슴의 운석(隕石)에 가랁아버린다.

---

12 ① 우거지다 : 풀, 나무 따위가 자라서 무성해지다. ② 욱다 : 기운이 줄어지다. 안쪽으로 조금 우그러져 있다.

벽

그것은 분명히 어제의 것이다
나와는 관련이 없는 것이다
우리들이 헤어질 때에
그것은 너무도 무정하였다.

하루 종일 나는 그것과 만난다
피하면 피할수록
더욱 접근하는 것
그것은 너무도 불길(不吉)을 상징하고 있다
옛날 그 위에 명화가 그려졌다 하여
즐거워하던 예술가들은
모조리 죽었다.

지금 거기엔 파리와
아무도 읽지 않고
아무도 바라보지 않는
격문과 정치 포스터가 붙어 있을 뿐
나와는 아무 인연이 없다.

그것은 감성도 이성도 잃은
멸망의 그림자

그것은 문명과 진화를 장해하는
사탄의 사도(使徒)
나는 그것이 보기 싫다.
그것이 밤낮으로
나를 가로막기 때문에
나는 한 점의 피도 없이
말라버리고
여왕이 부르시는 노래와
나의 이름도 듣지 못한다.

살아 있는 것이 있다면

> 현재의 시간과 과거의 시간은
> 거의 모두가 미래의 시간 속에 나타난다
> (T.S. 엘리엇)

살아 있는 것이 있다면
그것은 나와 우리들의 죽음보다도
더한 냉혹하고 절실한
회상과 체험일지도 모른다.

살아 있는 것이 있다면
여러 차례의 살육에 복종한 생명보다도
더한 복수와 고독을 아는
고뇌와 저항일지도 모른다.

한 걸음 한 걸음 나는 허물어지는
정적과 초연(硝煙)의 도시 그 암흑 속으로……
명상과 또다시 오지 않을 영원한 내일로……
살아 있는 것이 있다면
유형(流刑)의 애인처럼 손잡기 위하여
이미 소멸된 청춘의 반역을 회상하면서
회의와 불안만이 다정스러운

모멸[13]의 오늘을 살아나간다.

…… 아 최후로 이 성자의 세계에
살아 있는 것이 있다면 분명히
그것은 속죄의 회화 속의 나녀(裸女)와
회상도 고뇌도 이제는 망령에게 판
철없는 시인
나의 눈감지 못한
단순한 상태의 시체일 것이다……

---

13 원본에는 '회멸(悔蔑)'로 되어 있으나 '모멸(侮蔑)'의 오기인 듯.

불신의 사람

나는 바람이 길게 멈출 때
항구의 등불과
그 위대한 의지의 설움이
불멸의 씨를 뿌리는 것을 보았다.

폐(肺)에 밀려드는 싸늘한 물결처럼
불신의 사람과 망각의 잠을 이룬다.

피와 외로운 세월과
투영되는 일체의 환상과
시(詩)보다도 더욱 가난한 사랑과
떠나는 행복과 같이
속삭이는 바람과
오 공동묘지에서 퍼덕이는
시발(始發)과 종말의 깃발과
지금 밀폐된 이런 세계에서
권태롭게
우리는 무엇을 이야기하는가.

등불이 꺼진 항구에
마지막 조용한 의지의 비는 내리고
내 불신의 사람은 오지 않았다.
내 불신의 사람은 오지 않았다.

서적과 풍경

서적은 황폐한 인간의 풍경에 광채를 띠웠다.
서적은 행복과 자유와 어떤 지혜를
인간에게 알려주었다.

지금은 살육의 시대
침해된 토지에서는 인간이 죽고
서적만이
한없는 역사를 이야기해준다.

오래도록 사회가 성장하는 동안
활자는 기술과 행렬의 혼란을 이루었다.
바람에 퍼덕이는 여러 페이지들
그 사이에는
자유 불란서 공화국의 수립
영국의 산업혁명
F. 루스벨트[14] 씨의 미소와 아울러
'뉴기니'와 '오키나와'를 거쳐

---

14 Franklin Delano Roosevelt(1882~1945) : 미국의 32번째 대통령(1933~1945). 임기 동안 대공황과 제2차 세계대전을 겪음.

전함 미주리호[15]에 이르는 인류의 과정이
모두 가혹한 회상을 동반하며 나타나는 것이다.

내가 옛날 위대한 반항을 기도하였을 때
서적은 백주(白晝)의 장미와 같은
창연하고도 아름다운 풍경을
마음속에 그려주었다.
소련에서 돌아온 앙드레 지드[16] 씨
그는 진리와 존엄에 빛나는 얼굴로
자유는 인간의 풍경 속에서
가장 중요한 요소이며
우리는 영원한 '풍경'을 위해
자유를 옹호하자고 말하고
한국에서의 전쟁이 치열의 고조에
달하였을 적에
모멸과 연옥(煉獄)의 풍경을
응시하며 떠났다.

1951년의 서적
나는 피로한 몸으로 백설(白雪)을 밟고 가면서

---

15 Missouri : 제2차 세계대전 때 미국 태평양함대에 속했던 기함. 1945년 9월 2일 일본이 항복문서에 서명한 전함임.
16 Andre Gide(1869~1951) : 프랑스의 소설가 · 비평가. 주요 작품은 『좁은 문』 『콩고 기행』 등 있음.

이 암흑의 세대를 휩쓰는
또 하나의 전율이
어데 있는가를 탐지하였다.
오래도록 인간의 힘으로 인간인 때문에
위기에 봉착된 인간의 최후를
공산주의의 심연에서 구출코자
현대의 이방인 자유의 용사는
세계의 한촌(寒村) 한국에서 죽는다.
스코틀랜드에서 애인과 작별한 R. 지이미 군
잔 다르크의 전기를 쓴 페르디난트 씨
태평양의 밀림과 여러 호소(湖沼)의 질병과 싸우고
'바탄' 과 '코레히도르'[17]의 준열의 신화를
자랑하던 톰 미첨 군
이들은 한 사람이 아니다. 신의 제단에서
인류만의 과감한 행동과 분노로
사랑도 기도도 없이
무명고지 또는 무명계곡에서 죽었다.

나는 눈을 감는다.
평화롭던 날 나의 서재에 군집했던
서적의 이름을 외운다.
한 권 한 권이

---

17 필리핀 수도 마닐라의 서쪽에 위치하고 있는 군사 요충지인 바타안 반도와 코레히도르 섬.

인간처럼 개성이 있었고
죽어간 병사처럼 나에게 눈물과
불멸의 정신을 알려준 무수한 서적의 이름을……
이들은 모이면 인간이 살던
원야(原野)와 산과 바다와 구름과 같은
인상의 풍경을 내 마음에 투영해주는 것이다.

지금 싸움은 지속된다.
서적은 불타오른다.
그러나 서적과 인상의 풍경이여
너의 구원(久遠)한 이야기와 표정은 너만의 것이 아니다.
F. 루스벨트 씨가 죽고
더글러스 맥아더가 육지에 오를 때
정의의 불을 토하던
여러 함정(艦艇)과 기총과 태평양의 파도는 잔잔하였다.
이러한 시간과 역사는
또다시 자유 인간이 참으로 보장될 때
반복될 것이다.

비참한 인류의
새로운 미주리호에의 과정이여
나의 서적과 풍경은
내 생명을 건 싸움 속에 있다.

1953년의 여자에게

유행은 섭섭하게도
여자들에게서 떠났다.
왜?
그것은 스스로의 기원을 찾기 위하여

어떠한 날
구름과 환상의 접경을 더듬으며
여자들은
불길한 옷자락을 벗어버린다.

회상의 푸른 물결처럼
고독은 세월에 살고
혼자서 흐느끼는
해변의 여신과도 같이
여자들은 완전한 시간을 본다.

황막한 연대여
거품과 같은 허영이여
그것은 깨어진 거울의 여윈 인상.

필요한 것과

소모의 비례를 위하여
전쟁은 여자들의 눈을 감시한다.
코르셋으로 침해된 건강은
또한 유행은 정신의 방향을 봉쇄한다.

여기서 최후의 길손을 바라볼 때
허약한 바늘처럼
바람에 쓰러지는
무수한 육체
그것은 카인[18]의 정부(情婦)보다
사나운 독을 풍긴다.

출발도 없이
종말도 없이
생명은 부질하게도
여지들에게서 어두움처럼 떠나는 것이다.
왜?
그것을 대답하기에는
너무도 준열한 사회가 있었다.

---

18 Cain : 구약성서 『창세기』에 나오는 아담과 하와의 맏아들. 자기의 제물이 하나님 야훼에게 받아들여지지 않고 아우 아벨의 제물이 받아들여지자 시기하여 동생을 죽임. 인류 역사에서 살인자의 대명사.

종말

생애를 끝마칠
임종의 존엄을 앞두고
정치가와 회색 양복을 입은 교수와
물가지수를 논의하던
불안한 샹들리에 아래서
나는 웃고 있었다.

피로한 인생은
지나(支那)[19]의 벽처럼 우수수 무너진다.
나도 이에 유형(類型)되어
나의 종말의 목표를 지향하고 있었다.
그러나 숨 가쁜 호흡은 끊기지 않고
의식은 죄수와도 같이 밝아질 뿐

밤마다 나는 장미를 꺾으러
금단의 계곡으로 내려가서
동란을 겪은 인간처럼 온 손가락을 피로 물들이어
암흑을 덮어주는 월광을 가리키었다.

---

19 우리나라의 서북쪽, 아시아 동부에 있는 나라. 유의어 중국.

나를 쫓는 꿈의 그림자
다음과 같이 그는 말하는 것이다.
……지옥에서 밀려 나간 운명의 패배자
너는 또다시 돌아올 수 없다……

……처녀의 손과 나의 장갑을
구름의 의상과 나의 더럽힌 입술을……
이런 유행가의 구절을
새벽녘 싸늘한 피부가 나의 육체와 마주칠 때까지
노래하였다.
노래가 멈춘 다음
내 죽음의 막이 오를 때

오 생애를 끝마칠 나의 최후의 주변에
양주 값을
구두 값을 책값을
네가 들어갈 관(棺) 값을 청산하여 달라고
(그들은 사회의 예절과 언어를 확실히 체득하고 있다)
달려든 지난날의 친우들.

죽을 수도 없고
옛이나 현재나 변함이 없는 나
정치가와 회색 양복을 입은 교수의 부고와
그 상단에 보도되어 있는
어제의 물가 시세를 보고

세 사람이 논의하던 그 시절보다

모든 것이 천 배 이상이나 앙등(昂騰)되어 있는 것을 나는 알았다.

허나 봄이 되니 수목은 또다시 부풀어 오르고

나의 종말은 언제인가

어두움처럼 생과 사의 구분 없이

항상 임종의 존엄만 앞두고

호수의 물결이나 또는 배처럼

한계만을 헤매이는

지옥으로 돌아갈 수도 없는 자

이젠 얼굴도 이름도 스스로 기억지 못하는

영원한 종말을

웃고 울며 헤매는 또 하나의 나.

밤의 미매장(未埋葬)
　우리들을 괴롭히는 것은 주검이 아니라 장례식이다

당신과 내일부터는 만나지 맙시다.
나는 다음에 오는 시간부터는 인간의 가족이 아닙니다.
왜 그러할 것인지 모르나
지금처럼 행복해서는
조금 전처럼 착각이 생겨서는
다음부터는 피가 마르고 눈은 감길 것입니다.

사랑하는 당신의 침대[20] 위에서
내가 바랄 것이란 나의 비참(悲惨)이 연속되었던
수없는 음영의 연월(年月)이
이 행복의 순간처럼 속히 끝나줄 것입니다.
……뇌우 속의 천사
그가 피를 토하며 알려주는 나의 위치는
광막한 황지(荒地)에 세워진 궁전보다도 더욱 꿈같고
나의 편력처럼 애처롭다는 것입니다.

사랑하는 당신의 부드러운 젖과 가슴을 내 품 안에 안고
나는 당신이 죽는 곳에서 내가 살며

---

20 원본에는 '寢台'로 표기됨.

내가 죽는 곳에서 당신의 출발이 시작된다고……
황홀히 생각합니다.
그리고 저기 무지개처럼 허공에 그려진
감촉과 향기만이 짙었던 청춘의 날을 바라봅니다.

당신은 나의 품속에서 신비와 아름다운 육체를
숨김없이 보이며 잠이 들었습니다.
불멸의 생명과 나의 사랑을 대치하셨습니다.
호흡이 끊긴 불행한 천사……
당신은 빙화(氷花)처럼 차가우면서도
아름답게 행복의 어두움 속으로 떠나셨습니다.
고독과 함께 남아 있는 나와
희미한 감응의 시간과는 이젠 헤어집니다
장송곡을 연주하는 관악기 모양
최종 열차의 기적이 정신을 두드립니다.
시체인 당신과
벌거벗은 나와의 사실을
불안한 지구(地區)에 남기고
모든 것은 물과 같이 사라집니다.

사랑하는 순수한 불행이여 비참이여 착각이여
결코 그대만은
언제까지나 나와 함께 있어주시오
내가 의식하였던
감미로운 육체와 회색 사랑과

관능적인 시간은 참으로 짧았습니다.

잃어버린 것과

욕망에 살던 것은……

사랑의 자체(姿體)와 함께 소멸되었고

나는 다음에 오는 시간부터는 인간의 가족이 아닙니다.

영원한 밤

영원한 육체

영원한 밤의 미매장

나는 이국의 여행자처럼

무덤에 핀 차가운 흑장미를 가슴에 답니다.

그리고 불안과 공포에 펄떡이는

사자(死者)의 의상을 몸에 휘감고

바다와 같은 묘망(渺茫)한[21] 암흑 속으로 뒤돌아 갑니다.

허나 당신은 나의 품 안에서 의식은 회복치 못합니다.

---

21 묘망(渺茫)하다 : 넓고 멀어서 바라보기에 아득하다.

의혹의 기(旗)

얇은 고독처럼 퍼덕이는 기
그것은 주검과 관념의 거리를 알린다.

허망한 시간
또는 줄기찬 행운의 순시(瞬時)
우리는 도립(倒立)된 석고처럼
불길(不吉)을 바라볼 수 있었다.

낙엽처럼 싸움과 청년은 흩어지고
오늘과 그 미래는 확립된 사념이 없다.

바람 속의 내성(內省)
허나 우리는 죽음을 원치 않는다.
피폐한 토지에선
한 줄기 연기가 오르고
우리는 아무 말도 없이 눈을 감았다.

최후처럼 인상은 외롭다.
안구(眼球)처럼 의욕은 숨길 수가 없다.
이러한 중간의 면적에
우리는 떨고 있으며

떨리는 깃발 속에
모든 인상과 의욕은 그 모습을 찾는다.

195……년의 여름과 가을에 걸쳐서
애정의 뱀은 어두움에서 암흑으로
세월과 함께 성숙하여 갔다.
그리하여 나는 비틀거리며
뱀이 걸어간 길을 피했다.

잊을 수 없는 의혹의 기
잊을 수 없는 환상의 기
이러한 혼란된 의식 아래서
'아폴론'[22]은 위기의 병을 껴안고
고갈된 세계에 가라앉아간다.

---

22 Apollon : 그리스 신화에 나오는 신. 제우스와 레토의 아들로 올림포스 12신 가운데 하나. 예언·의료·궁술·음악·시의 신. 로마 신화의 아폴로에 해당.

문제 되는 것
허무의 작가 김광주(金光洲)[23]에게

평범한 풍경 속으로
손을 뻗치면
거기서 길게 설레이는
문제 되는 것을 발견하였다.
죽는 즐거움보다도
나는 살아나가는 괴로움에
그 문제 되는 것이
틀림없이 실재되어 있고 또한 그것은
나와 내 그림자 속에
넘쳐흐르고 있는 것을 알았다.

이 암흑의 세상 허다한 그것들이
산재되어 있고
나는 또한 어두움을 찾아 걸어갔다.

아침이면
누구도 알지 못하는 나만의 비밀이

---

23 김광주(金光洲, 1910~1973) : 소설가 및 언론인. 소설집 『연애제백장(戀愛第百章)』 『혼혈아』 등이 있음.

내 피곤한 발걸음을 최촉(催促)하였고
세계의 낙원이었던
대학의 정문은
지금 총칼로 무장되었다.

목수꾼 정치가여
너의 얼굴은 황혼처럼 고웁다
옛날 그 이름 모르는 토지에 태어나
굴욕과 권태로운 영상(影像)에 속아가며
네가 바란 것은 무엇이었더냐

문제 되는 것
평범한 죽음 옆에서
한없이 우리를 괴롭히는 것

나는 내 젊음의 절망과
이 처참이 이어주는 생명과 함께
문제 되는 것만이
군집되어 있는 것을 알았다.

눈을 뜨고도

우리들의 섬세한 추억에 관하여
확신할 수 있는 잠시
눈을 뜨고도
볼 수 없는 상태는 어찌할 수가 없었다.

진눈깨비처럼 아니
이지러진[24] 사랑의 환영처럼
빛나면서도
암흑처럼 다가오는
오늘의 공포
거기 나의 기묘한 청춘은 자고
세월은 간다.

녹슬은[25] 흉부에
잔잔한 물결에 회상과 회한은 없다.

푸른 하늘가를
기나긴 하계(夏季)의 비는 내렸다.

---

24 원본에는 '이즈러진'으로 표기됨.
25 원본에는 '녹쓸은'으로 표기됨. '녹슨' 의미.

겨레와 울던 감상(感傷)의 날도
진실로
눈을 뜨고도 볼 수 없는 상태
우리는 결코
맹목의 시대에 살고 있는 것인가.
시력은 복종의 그늘을 찾고 있는 것인가

지금 우수에 잠긴 현창(舷窓)에 기대어
살아 있는 자의 선택과
죽어간 놈의 침묵처럼
보이지는 않으나 관능과 의지의
믿음만을 원하며
목을 굽히는 우리들
오 인간의 가치와
조용한 지면(地面)에 파묻힌 사자(死者)들

또 하나의 환상과
나의 불길한 혐오
참으로 조소로운 인간의 주검과
눈을 뜨고도
볼 수 없는 상태
얼마나 무서운 치욕이냐.
단지 존재와 부재의 사이에서

행복

노인은 육지에서 살았다.
하늘을 바라보며 담배를 피우고
시들은 풀잎에 앉아
손금도 보았다.
차 한 잔을 마시고
정사(情死)한 여자의 이야기를
신문에서 읽을 때
비둘기는 지붕 위에서 훨훨 날았다.
노인은 한숨도 쉬지 않고
더욱 아무것도 바라지 않으며
성서를 외우고[26] 불을 끈다.
그는 행복이라는 것을 말하지 않았다.
거저[27] 고요히 잠드는 것이다.

노인은 꿈을 꾼다.
여러 친구와 술을 나누고
그들이 죽음의 길을 바라보던 전날을.
노인은 입술에 미소를 띠우고

---

26 원본에는 '에우고'로 표기됨.
27 '그저'의 방언.

쓰디쓴 감정을 억제할 수가 있다.
그는 지금의 어떠한 순간도
증오할 수가 없었다.
노인은 죽음을 원하기 전에
옛날이 더욱 영원한 것처럼 생각되며
자기와 가까이 있는 것이
멀어져가는 것을
분간할 수가 있었다.

미스터 모(某)의 생과 사

입술에 피를 바르고
미스터 모는 죽는다.

어두운 표본실에서
그의 생존시의 기억은
  미스터 모의 여행을
  기다리고 있었다.

원인도 없이
유산은 더욱 없이
미스터 모는 생과 작별하는 것이다.

일상이 그러한 것과 같이
주검은 친우와도 같이
  다정스러웠다.

미스터 모의 생과 사는
신문이나 잡지의 대상이 못 된다.
오직 유식한 의학도의
일편(一片)의 소재로서

해부의 대(臺)에 그 여운을 남긴다.

무수한 촉광 아래
상흔은 확대되고
미스터 모는 죄가 많았다.
그의 청순한 아내
지금 행복은 의식의 중간을 흐르고 있다.

결코
평범한 그의 죽음을 비극이라 부를 수 없었다.
산산이 찢어진 불행과
결합된 생과 사와
이러한 고독의 존립을 피하며
미스터 모는
영원히 미소하는 심상을
손쉽게 잡을 수가 있었다.

목마와 숙녀

한 잔의 술을 마시고
우리는 버지니아 울프의 생애와
목마를 타고 떠난 숙녀의 옷자락을 이야기한다
목마는 주인을 버리고 거저 방울 소리만 울리며
가을 속으로 떠났다 술병에서 별이 떨어진다
상심한 별은 내 가슴에 가벼웁게 부서진다
그러한 잠시 내가 알던 소녀는
정원의 초목 옆에서 자라고
문학이 죽고 인생이 죽고
사랑의 진리마저 애증의 그림자를 버릴 때
목마를 탄 사랑의 사람은 보이지 않는다
세월은 가고 오는 것
한때는 고립을 피하여 시들어가고
이제 우리는 작별하여야 한다
술병이 바람에 쓰러지는 소리를 들으며
늙은 여류 작가의 눈을 바라다보아야 한다
……등대에……
불이 보이지 않아도
거저 간직한 페시미즘의 미래를 위하여
우리는 처량한 목마 소리를 기억하여야 한다
모든 것이 떠나든 죽든

거저 가슴에 남은 희미한 의식을 붙잡고
우리는 버지니아 울프의 서러운 이야기를 들어야 한다
두 개의 바위틈을 지나 청춘을 찾은 뱀과 같이
눈을 뜨고 한 잔의 술을 마셔야 한다
인생은 외롭지도 않고
거저 잡지의 표지처럼 통속하거늘
한탄할 그 무엇이 무서워서 우리는 떠나는 것일까
목마는 하늘에 있고
방울 소리는 귓전에 철렁거리는데
가을바람 소리는
내 쓰러진 술병 속에서 목메어 우는데

센티멘털 저니[28]

주말 여행
엽서…… 낙엽
낡은 유행가의 설움에 맞추어
피폐한 소설을 읽던 소녀.

이태백의 달은
울고 떠나고
너는 벽화에 기대어
담배를 피우는 숙녀.

카프리섬[29]의 원정(園丁)
파이프의 향기를 날려 보내라
이브는 내 마음에 살고
나는 그림자를 잡는다.

세월은 관념
독서는 위장
거저 죽기 싫은 예술가.

---

28 *Sentimental Journey* : 1768년 영국의 소설가 로렌스 스턴(Laurence Sterne)이 쓴 기행문.
29 Island of Capri : 나폴리 주변에 있는 아름다운 섬.

오늘이 가고 또 하루가 온들
도시에 분수는 시들고
어제와 지금의 사람은
천상유사(天上有事)를 모른다.

술을 마시면 즐겁고
비가 내리면 서럽고
분별이여 구분이여.

수목(樹木)은 외롭다
혼자 길을 가는 여자와 같이
정다운 것은 죽고
다리 아래 강은 흐른다.

지금 수목에서 떨어지는 엽서
긴 사연은
구름에 걸린 달 속에 묻히고
우리들은 여행을 떠난다
주말 여행
별말씀
거저 옛날로 가는 것이다.

이 센디멘털 저니
센티멘털 저니

아메리카 시초(詩抄)

태평양에서

갈매기와 하나의 물체
'고독'
연월(年月)도 없고 태양은 차갑다.
나는 아무 욕망도 갖지 않겠다.
더욱이 낭만과 정서는
저기 부서지는 거품 속에 있어라.
죽어간 자의 표정처럼
무겁고 침울한 파도 그것이 노할 때
나는 살아 있는 자라고 외칠 수 없었다.
거저 의지의 믿음만을 위하여
심유(深幽)한 바다 위를 흘러가는 것이다.

태평양에 안개가 끼고 비가 내릴 때
검은 날개에 검은 입술을 가진
갈매기들이 나의 가까운 시야에서 나를 조롱한다.
'환상'
나는 남아 있는 것과
잃어버린 것과의 비례를 모른다.

옛날 불안을 이야기했었을 때
이 바다에선 포함(砲艦)이 가라앉고

수십만의 인간이 죽었다.
어둠침침한 조용한 바다에서 모든 것은 잠이 들었다.
그렇다. 나는 지금 무엇을 의식하고 있는가?
단지 살아 있다는 것만으로서.

바람이 분다.
마음대로 불어라. 나는 덱[1]에 매달려
기념이라고 담배를 피운다.
무한한 고독. 저 연기는 어디로 가나.

밤이여. 무한한 하늘과 물과 그 사이에
나를 잠들게 해라.

(태평양에서)

---

1 deck : 갑판. 원본에는 '덱키'로 표기됨.

15일간

깨끗한 시트[2] 위에서
나는 몸부림을 쳐도 소용이 없다.
공간에서 들려오는 공포의 소리
좁은 방에서 나비들이 날은다.
그것을 들어야 하고
그것을 보아야 하는
의식(儀式).
오늘은 어제와 분별이 없건만
내가 애태우는 사람은 날로 멀건만
죽음을 기다리는 수인(囚人)과 같이
권태로운 하품을 하여야 한다.

창밖에 내리는 미립자
거짓말이 많은 사전(辭典)
할 수 없이 나는 그것을 본다
변화가 없는 바다와 하늘 아래서
욕할 수 있는 사람도 없고
알래스카에서 달려온 갈매기처럼

---

2 원본에는 '시이스'로 표기됨.

나의 환상의 세계를 휘돌아야 한다.

위스키 한 병 담배 열 갑
아니 내 정신이 소모되어 간다. 시간은
15일간을 태평양에서는 의미가 없다.
허지만
고립과 콤플렉스의 향기는
내 얼굴과 금 간 육체에 젖어버렸다.

바다는 노하고 나는 잠들려고 한다.
누만년(累萬年)의 자연 속에서 나는 자아를 꿈꾼다.
그것은 기묘한 욕망과
회상의 파편을 다듬는
음참(陰慘)한 망집(妄執)이기도 하다.

밤이 지나고 고뇌의 날이 온다.
척도를 위하여 커피를 마신다.
사변(四邊)은 철(鐵)과 거대한 비애에 잠긴
하늘과 바다.
그래서 나는 어제 외롭지 않았다.

(태평양에서)

충혈된 눈동자

STRAIT OF JUAN DE FUCA[3]를 어제 나는
지났다.
눈동자에 바람이 휘도는
이국의 항구 올림피아
피를 토하며 잠자지 못하던 사람들이
행복이나 기다리는 듯이 거리에 나간다.

착각이 만든 네온의 거리
원색(原色)과 혈관은 내 눈엔 보이지 않는다.
거품에 넘치는 술을 마시고
정욕에 불타는 여자를 보아야 한다.
그의 떨리는 손가락이 가리키는
무거운 침묵 속으로 나는
발버둥 치며 달아나야 한다.

세상은 좋았다
피의 비가 내리고
주검의 재가 날리는 태평양을 건너서

---

[3] 후안데푸카 해협. 미국 국경과 캐나다 벤쿠버 섬 사이에 있는 해협.

다시 올 수 없는 사람은 떠나야 한다
아니 세상은 불행하다고 나는 하늘에
고함친다
몸에서
베고니아처럼 화끈거리는 욕망을 위해
거짓과 진실을 마음대로 써야 한다.

젊음과 그가 가지는 기적은
내 허리에 비애의 그림자를 던졌고
도시의 계곡 사이를 달음박질치는
육중한 바람을
충혈된 눈동자는 바라다보고 있었다.

(올림피아에서)

어느 날

4월 10일의 부활제를 위하여
포도주 한 병을 산 흑인과
빌딩의 숲속을 지나
에이브러햄 링컨의 이야기를 하며
영화관의 스틸 광고를 본다.
……카르멘 존스[4]……

미스터 몬은 트럭을 끌고
그의 아내는 쿡과 입을 맞추고
나는 '지랫' 회사의 텔레비전을 본다.

한국에서 전사한 중위의 어머니는
이제 처음 보는 한국 사람이라고 내 손을 잡고
시애틀 시가를 구경시킨다.

많은 사람이 살고
많은 사람이 울어야 하는
아메리카의 하늘에 흰 구름.

---

[4] 〈Carmen Jones〉: 1954년 오토 프레민저(Otto Preminger) 감독이 만든 영화 제목.

그것은 무엇을 의미하는가.

나는 들었다 나는 보았다
모든 비애와 환희를.

아메리카는 휘트먼의 나라로 알았건만
아메리카는 링컨의 나라로 알았건만
쓴 눈물을 흘리며
브라보…… 코리안 하고
흑인은 술을 마신다.

(에버렛에서)

어느 날의 시가 되지 않는 시

당신은 일본인이지요?
차이니스? 하고 물을 때
나는 불쾌하게 웃었다
거품이 많은 술을 마시면서
나도 물었다
당신은 아메리카 시민입니까?
나는 거짓말 같은 낡아빠진 역사와
우리 민족과 말이 단일하다는 것을
자랑스럽게 말했다.
황혼.
태번[5] 구석에서 흑인은 구두를 닦고
거리의 소년이 즐겁게 담배를 피우고 있다.

여우(女優) '가르보'[6]의 전기(傳記) 책이 놓여 있고
그 옆에는 디텍티브 스토리[7]가 쌓여 있는
서점의 쇼윈도

---

5 tavern : 선술집. 여인숙. 원본에는 '타이반'으로 표기됨.
6 그레타 가르보(Greta Garbo, 1905~1990) : 스웨덴 출신의 미국 영화배우. 주요 출연작으로 〈마타 하리〉(1931), 〈크리스티나 여왕〉(1933) 등이 있음.
7 detective story : 탐정 이야기.

손님이 많은 가게 안을 나는 들어가지 않았다.

비가 내린다.
내 모자 위에 중량이 없는 억압이 있다.
그래서 뒷길을 걸으며
서울로 빨리 가고 싶다고
센티멘털한 소리를 한다.

(에버렛에서)

여행

나는 나도 모르는 사이에 먼 나라로
여행의 길을 떠났다.
수중엔 돈도 없이
집엔 쌀도 없는 시인이
누구의 속임인가
나의 환상인가
거저 배를 타고
많은 인간이 죽은 바다를 건너
낯선 나라를 돌아다니게 되었다.

비가 내리는 주립공원을 바라보면서
200년 전
이 다리 아래를 흘러간 사람의 이름을
수첩에 적는다.
캡틴 × ×
그 사람과 나는 관련이 없건만
우연히 온 사람과 죽은 사람은
저기 푸르게 잠든 호수의 수심을
잊을 수 없는 것일까.

거룩한 자유의 이름으로 알려진 토지

무성한 삼림이 있고
비렴계관(飛廉桂館)[8]과 같은 집이
연이어 있는 아메리카의 도시
시애틀의 네온이 붉은 거리를
실신(失神)한 나는 간다
아니 나는 더욱 선명한 정신으로
태번에 들어가 향수를 본다.
이지러진 회상
불멸의 고독
구두에 남은 한국의 진흙과
상표도 없는 '공작(孔雀)'[9]의 연기
그것은 나의 자랑이다
나의 외로움이다.

또 밤거리
거리의 음료수를 마시는
포틀랜드의 이방인
저기
가는 사람은 나를 무엇으로 보고 있는가.

(포틀랜드에서)

---

8 '비렴'과 '계관'. 한(漢)나라 무제가 지음 누관(樓觀)의 이름. 화려한 건물을 상징함.
9 1940년대 국산 담배 상표.

수부(水夫)들

수부들은 갑판에서
갈매기와 이야기한다
……너희들은 어데서 왔니……
화란(和蘭)[10] 성냥으로 담배를 붙이고
싱가포르 밤거리의 여자
지금도 생각이 난다.
동상처럼 서서 부두에서 기다리겠다는
얼굴이 까만 입술이 짙은 여자
파도여 꿈과 같이 부서지라
헤아릴 수 없는 순백한 밤이면
하모니카 소리도 처량하고나
포틀랜드 좋은 고장 술집이 많아
크레용 칠한 듯이 네온이 밝은 밤
아리랑 소리나 한번 해보자

(포틀랜드에서…… 이 시는 겨우 우리말을 쓸 수 있는
어떤 수부의 것을 내 이미지로 고쳤다)

---

10 '네덜란드'의 한자어 표기.

에버렛의 일요일

분란인(芬蘭人)[11] 미스터 몬은
자동차를 타고 나를 데리러 왔다.
에버렛의 일요일
와이셔츠도 없이 나는 한국 노래를 했다.
그저 쓸쓸하게 가냘프게
노래를 부르면 된다
……파파 러브스 맘보[12]……
춤을 추는 돈나[13]
개와 함께 어울려 호숫가를 걷는다.

텔레비전도 처음 보고
칼로리가 없는 맥주도 처음 마시는
마음만의 신사
즐거운 일인지 또는 슬픈 일인지
여기서 말해주는 사람은 없다.

---

11 '핀란드인'의 한자어 표기
12 〈Papa loves mambo〉: 미국의 대중가수 페리 코모(Perry Como | Pierino Ronald Como, 1912~2001)의 대표곡.
13 donna : 귀부인.

석양.
낭만을 연상케 하는 시간.
미칠 듯이 고향 생각이 난다.

그래서 몬과 나는
이야기할 것이 없었다 이젠
헤져야 된다.

(에버렛에서)

새벽 한 시의 시

대낮보다도 눈부신
포틀랜드의 밤거리에
단조로운 '글렌 밀러'[14]의 랩소디가 들린다.
쇼윈도에서 울고 있는 마네킹.

앞으로 남지 않은 나의 잠시를 위하여
기념이라고 진피즈[15]를 마시면
녹슬은 가슴과 뇌수에 차디찬 비가 내린다.

나는 돌아가도 친구들에게 얘기할 것이 없구나
유리로 만든 인간의 묘지와
벽돌과 콘크리트 속에 있던
도시의 계곡에서
흐느껴 울었다는 것 외에는…….

천사처럼
나를 매혹시키는 허영의 네온.

---

14 글렌 밀러(Glenn Miller │ Alton Glenn Miller, 1904~1944) : 독일계 미국인 트럼본 연주자. 재즈를 초기 미국 대중문화로 자리잡게 한 인물.
15 gin fizz : 진에 설탕, 얼음, 레몬을 넣고 탄산수를 부어 만든 칵테일.

너에게는 안구(眼球)가 없고 정서(情抒)가 없다.
여기선 인간이 생명을 노래하지 않고
침울한 상념만이 나를 구한다.

바람에 날려온 먼지와 같이
이 이국의 땅에선 나는 하나의 미생물이다.
아니 나는 바람에 날려와
새벽 한 시 기묘한 의식으로
그래도 좋았던
부식(腐蝕)된 과거로
돌아가는 것이다.

(포틀랜드에서)

다리 위의 사람

다리 위의 사람은
애증과 부채(負債)를 자기 나라에 남기고
암벽에 부딪히는 파도 소리에 놀라
바늘과 같은 손가락은
난간을 쥐었다.
차디찬 철(鐵)의 고체
쓰디쓴 눈물을 마시며
혼란된 의식에 가랂아버리는
다리 위의 사람은
긴 항로 끝에 이르는 정막한 토지에서
신의 이름을 부른다.

그가 살아오는 동안
풍파와 고절(孤絕)은 그칠 줄 몰랐고
오랜 세월을 두고
DECEPTION PASS[16]에도
비와 눈이 내렸다.
또다시 헤어질 숙명이기에

---

16 디셉션 패스. 시애틀을 둘러싼 바다와 섬을 통과하는 물길. 그 위에 세워진 다리가 높고 전망이 좋다.

만나야만 되는 것과 같이
지금 다리 위의 사람은
로사리오 해협[17]에서 불어오는
처량한 바람을 잊으려고 한다.
잊으려고 할 때 두 눈을 가로막는
새로운 불안
화끈거리는 머리
절벽 밑으로 그의 의식은 떨어진다.

태양이 레몬과 같이 물결에 흔들거리고
주립공원 하늘에는
에메랄드처럼 빤짝거리는 기계가 간다.
변함없이 다리 아래 물이 흐른다.
절망된 사람의 피와도 같이
파란 물이 흐른다
다리 위의 사람은
흔들리는 발걸음을 걷잡을 수가 없었다.

(아나코테스에서)

---

17 Rosario Strait : 워싱턴주 북부의 해협.

투명한 버라이어티

녹슬은
은행과 영화관과 전기세탁기

럭키 스트라이크
VANCE 호텔 BINGO 게임.

영사관 로비에서
눈부신 백화점에서
부활제의 카드가
RAINIER 맥주[18]가.

나는 옛날을 생각하면서
텔레비전의 LATE NIGHT NEWS를 본다.
캐나다 CBC 방송국의
광란한 음악
입 맞추는 신사와 창부.
조준은 젖가슴
아메리카 워싱턴주.

---

18 워싱턴주 시애틀의 특산품.

비에 젖은 소년과 담배
고절(孤絶)된 도서관
오늘 올드미스는 월경(月經)이다.
희극 여우(女優)처럼 눈살을 피면서
최현배 박사의 『우리말본』을
핸드백 옆에 놓는다.

타이프라이터의 신경질
기계 속에서 나무는 자라고
엔진으로부터 탄생된 사람들.

신문과 숙녀의 옷자락이 길을 막는다.
여송연(呂宋煙)[19]을 물은 전(前) 수상은
아메리카의 여자를 사랑하는지?

식민지의 오후처럼
회사의 깃발이 퍼덕거리고
페리 코모[20]의 '파파 러브스 맘보'

찢어진 트럼펫
꾸겨진 애욕.

---

19 담뱃잎을 썰지 아니하고 통째로 돌돌 말아서 만든 담배.
20 페리 코모(Perry Como) : 미국의 인기 가수. 대표곡은 〈And I Love So〉〈Papa Loves Mambo〉 등.

데모크라시와 옷 벗은 여신과
칼로리가 없는 맥주와 유행과
유행에서 정신을 희열하는
디자이너와
표정이 경련하는 나와

트렁크 위에 장미는 시들고
문명은 은근한 곡선을 긋는다.

조류(鳥類)는 잠들고
우리는 페인트칠한 잔디밭을 본다
달리는 '유니언 퍼시픽'[21] 안에서
상인은 쓸쓸한 혼약의 꿈을 꾼다.
반항적인 'M. 먼로'[22]의
날개 돋친 의상.

교회의 일본어 선전물에서는
크레졸 냄새가 나고
옛날

---

21 Union Pacific : 미국 최초의 대륙 횡단 철도. 오마하를 기점으로 시애틀, 로스앤젤레스, 덴버 등지에 이른다.
22 Marilyn Monroe｜Norma Jeane Mortensen, 1926~1962) : 미국의 영화배우. 출연작으로 〈신사는 금발을 좋아한다〉〈돌아오지 않는 강〉 등.

'루돌프 앨폰스 발렌티노'[23]의 주검을
비탄으로 맞이한 나라
그때의 숙녀는 늙고
아메리카는 청춘의 음영을 잊지 못했다.

스트립쇼
담배 연기의 암흑
시력이 없는 네온사인.

그렇다 '성(性)의 10년'이 떠난 후
전장(戰場)에서 청년은 다시 도망쳐왔다
자신과 영예와
구라파의 달[月]을 바라다보던 사람은……

혼란과 질서의 반복이
물결치는 거리에
고백의 시간은 간다.

집요하게 태양은 내리쪼이고
MT. HOOT의 눈은 변함이 없다.

연필처럼 가느다란 내 목구멍에서

---

23 Rudolph Alponse Valentino(1895~1926) : 이탈리아 태생의 미국 영화배우. 출연작으로 〈묵시록의 네 기사〉〈피와 모래〉 등.

내일이면 가치가 없는 비애로운 소리가 난다.

빈약한 사념

아메리카   모나리자

필립 모리스[24]   모리스 브리지

비정한 행복이라도 좋다
4월 10일의 부활제가 오기 전에
굿바이
굿 앤드 굿바이

    VANCE 호텔 — 시애틀에 있음.
    파파 러브스 맘보 — 최근의 유행곡.
    모리스 브리지 — 포틀랜드의 다리 이름.

---

24 Philip Morris : 미국의 담배 제조 회사.

영원한 서장(序章)

어린 딸에게

기총과 포성의 요란함을 받아가면서
너는 세상에 태어났다 주검의 세계로
그리하여 너는 잘 울지도 못하고
힘없이 자란다.

엄마는 너를 껴안고 3개월간에
일곱 번이나 이사를 했다.

서울에 피의 비와
눈바람이 섞여 추위가 닥쳐오던 날
너는 입은 옷도 없이 벌거숭이로
화차 이 별을 헤아리면서 남으로 왔다.

나의 어린 딸이여 고통스러워도 애소(哀訴)도 없이
그대로 젖만 먹고 웃으며 자라는 너는
무엇을 그리우느냐.

너의 호수처럼 푸른 눈
지금 멀리 적을 격멸하러 바늘처럼 가느다란 기계는 간다. 그러나 그림자는 없다.

엄마는 전쟁이 끝나면 너를 호강시킨다 하나
언제 전쟁이 끝날 것이며
나의 어린 딸이여 너는 언제까지나
행복할 것인가.

전쟁이 끝나면 너는 더욱 자라고
우리들이 서울에 남은 집에 돌아갈 적에
너는 네가 어데서 태어났는지도 모르는
그런 계집애.

나의 어린 딸이여
너의 고향과 너의 나라가 어데 있느냐
그때까지 너에게 알려줄 사람이
살아 있을 것인가.

한 줄기 눈물도 없이

음산(陰酸)한 잡초가 무성한 들판에
용사(勇士)가 누워 있었다.
구름 속에 장미가 피고
비둘기는 야전병원 지붕에서 울었다.

존엄한 죽음을 기다리는
용사는 대열을 지어
전선으로 나가는 뜨거운 구두 소리를 듣는다.
아 창문을 닫으시오.

고지 탈환전
제트기 박격포 수류탄
'어머니' 마지막 그가 부를 때
하늘에서 비가 내리기 시작했다.

옛날은 화려한 그림책
한 장 한 장마다 그리운 이야기
만세 소리도 없이 떠나
흰 붕대에 감겨
그는 남모르는 토지에서 죽는다.

한줄기 눈물도 없이
인간이라는 이름으로서
그는 피와 청춘을
자유를 위해 바쳤다.

음산한 잡초가 무성한 들판엔
지금 찾아오는 사람도 없다.

잠을 이루지 못하는 밤

넓고 개체(個體) 많은 토지에서
나는 더욱 고독하였다.
힘없이 집에 돌아오면 세 사람의 가족이
나를 쳐다보았다. 그러나
나는 차디찬 벽에 붙어 회상에 잠긴다.

전쟁 때문에 나의 재산과 친우가 떠났다.
인간의 이지를 위한 서적 그것은 잿더미[1]가 되고
지난날의 영광도 날아가버렸다.
그렇게 다정했던 친우도 서로 갈라지고
간혹 이름을 불러도 울림조차 없다.
오늘도 비행기의 폭음이 귀에 잠겨
잠이 오지 않는다.

잠을 이루지 못하는 밤을 위해 시를 읽으면
공백(空白)한 종이 위에
그의 부드럽고 원만하던 얼굴이 환상처럼 어린다.

---

1 원본에는 '재떼미'로 표기됨.

미래에의 기약도 없이 흩어진 친우는
공산주의자에게 납치되었다.
그는 사자(死者)만이 갖는 속도로
고뇌의 세계에서 탈주하였으리라.

정의의 전쟁은 나로 하여금 잠을 깨운다.
오래도록 나는 망각의 피안에서 술을 마셨다.
하루하루가 나에게 있어서는
비참한 축제이었다.

그러나 부단한 자유의 이름으로서
우리의 뜰 앞에서 벌어진 싸움을 통찰(洞察)할 때
나는 내 출발이 늦은 것을 고(告)한다.

나의 재산…… 이것은 부스럭지[2]
나의 생명…… 이것도 부스럭지
아 파멸한다는 것이 얼마나 위대한 일이냐.

마음은 옛과는 다르다. 그러나
내게 달린 가족을 위해 나는 참으로 비겁하다
그에게 나는 왜 머리를 숙이며 왜 떠드는 것일까.
나는 나의 말로를 바라본다.

---

2 '부스러기'의 비표준어.

그리하여 나는 혼자서 운다.

이 넓고 개체 많은 토지에서
나만이 지각이다.
언제 죽을지도 모르는 나는
생에 한없는 애착을 갖는다.

검은 강

신이란 이름으로서
우리는 최종의 노정을 찾아보았다.

어느 날 역전에서 들려오는
군대의 합창을 귀에 받으며
우리는 죽으러 가는 자와는
반대 방향의 열차에 앉아
정욕처럼 피폐한 소설에 눈을 흘겼다.

지금 바람처럼 교차하는 지대
거기엔 일체의 불순한 욕망이 반사되고
농부의 아들은 표정도 없이
폭음과 초연(硝煙)이 가득 찬
생과 사의 경지에 떠난다.

달은 정막보다도 더욱 처량하다.
멀리 우리의 시선을 집중한
인간의 피로 이룬
자유의 성채(城砦)
그것은 우리와 같이 퇴각하는 자와는 관련이 없었다.

신이란 이름으로서
우리는 저 달 속에
암담한 검은 강이 흐르는 것을 보았다.

고향에 가서

갈대만이 한없이 무성한 토지가
지금은 내 고향.

산과 강물은 어느 날의 회화
피 묻은 전신주 위에
태극기 또는 작업모가 걸렸다.

학교도 군청도 내 집도
무수한 포탄의 작렬과 함께
세상엔 없다.

인간이 사라진 고독한 신의 토지
거기 나는 동상처럼 서 있었다.
내 귓전엔 싸늘한 바람이 설레이고
그림자는 망령과도 같이 무섭다.

어려서 그땐 확실히 평화로웠다.
운동장을 뛰다니며
미래와 살던 나와 내 동무들은
지금은 없고

연기 한 줄기 나지 않는다.

황혼 속으로
감상 속으로
차는 달린다.
가슴속에 흐느끼는 갈대의 소리
그것은 비창(悲愴)한 합창과도 같다.

밝은 달빛
은하수와 토끼
고향은 어려서 노래 부르던
그것뿐이다.

비 내리는 사경(斜傾)의 십자가와
아메리카 공병(工兵)이
나에게 손짓을 해준다.

신호탄

수색대장 K중위는 신호탄을 올리며 적병
30명과 함께 죽었다. 1951년 1월

위기와 영광을 고(告)할 때
신호탄은 터진다.
바람과 함께 살던 유년도
떠나간 행복의 시간도
무거운 복잡에서
더욱 단순으로 순화하여버린다.

옛날 식민지의 아들로
검은 땅덩어리를 밟고
그는 주검을 피해
태양 없는 처마 끝을 걸었다.

어두운 밤이여
마지막 작별의 노래를
그 무엇으로 표현하였는가.
슬픈 인간의 유형을 벗어나
참다운 해방을
그는 무엇으로 신호하였는가.

'적을 쏘라
침략자 공산군을 사격해라.

내 몸뚱어리가 벌집처럼 터지고
뻘건 피로 화(化)할 때까지
자장가를 불러주신 어머니
어머니 나를 중심으로 한 주변에
기총을 소사하시오. 적은 나를 둘러쌌소'

생과 사의 눈부신 외접선(外接線)을 그으며
하늘에 구멍을 뚫은 신호탄
그가 침묵한 후
구멍으로 끊임없이 비가 내렸다.
단순에서 더욱 주검으로
그는 나와 자유의 그늘에서 산다.

무도회[3]

연기와 여자들 틈에 끼어
나는 무도회에 나갔다.

밤이 새도록 나는 광란의 춤을 추었다.
어떤 시체를 안고.

황제는 불안한 샹들리에와 함께 있었고
모든 물체는 회전하였다.

눈을 뜨니 운하는 흘렀다.
술보다 더욱 진한 피가 흘렀다.

이 시간 전쟁은 나와 관련이 없다.
광란된 의식과 불모의 육체…… 그리고
일방적인 대화로 충만된 나의 무도회.

나는 더욱 밤 속에 가랐아간다.
석고(石膏)의 여자를 힘 있게 껴안고

---

3 원본에는 '무답회(舞踏會)'로 표기됨. 일본식 표현이므로 '무도회(舞蹈會)'로 고침.

새벽에 돌아가는 길 나는 내 친우가
전사한 통지를 받았다.

서부전선에서
윤을수(尹乙洙) 신부(神父)에게

싸움이 다른 곳으로 이동한
이 작은 도시에
연기가 오른다.
종소리가 들린다.
희망의 내일이 오는가.
비참한 내일이 오는가.
아무도 확언하는 사람은 없었다.

그러나 연기 나는 집에는
흩어진 가족이 모여들었고
비 내린 황톳길을 걸어
여러 성직자는 옛날 교구(敎區)로 돌아왔다.

'신이여 우리의 미래를 약속하시오
회한과 불안에 얽매인 우리에게 행복을 주시오'
주민은 오직 이것만을 원한다.

군대는 북으로 북으로 갔다.
토막(土幕)에서도 웃음이 들린다.
비둘기들이 화창한
봄의 햇볕을 쪼인다.

부드러운 목소리로 이야기할 때

나는 언제나 샘물처럼 흐르는
그러한 인생의 복판에 서서
전쟁이나 금전이나 나를 괴롭히는 물상(物象)과
부드러운 목소리로 이야기할 때
한줄기 소낙비는 나의 얼굴을 적신다.

진정코 내가 바라던 하늘과 그 계절은
푸르고 맑은 내 가슴을 눈물로 스치고
한때 청춘과 바꾼 반항도
이젠 서적처럼 불타버렸다.

가고 오는 그러한 제상(諸相)과 평범 속에서
술과 어지러움을 한(恨)하는 나는
어느 해 여름처럼 공포에 시달려
지금은 하염없이 죽는다.

사라진 일체의 나의 애욕아
지금 형태도 없이 정신을 잃고
이 쓸쓸한 들판
아니 이지러진 길목 처마 끝에서
부드러운 목소리로 이야기한들

우리들 또다시 살아나갈 것인가.

정막처럼 잔잔한
그러한 인생의 복판에 서서
여러 남녀와 군인과 또는 학생과
이처럼 쇠퇴한 철없는 시인이
불안이다 또는 황폐롭다
부드러운 목소리로 이야기한들
광막한 나와 그대들의 기나긴 종말의 노정은
예나 지금이나 변함없노라.

오 난해한 세계
복잡한 생활 속에서
이처럼 알기 쉬운 몇 줄의 시와
말라버린 나의 쓰디쓴 기억을 위하여
전쟁이나 사나운 애정을 잊고
넓고도 간혹 좁은 인간의 단상에 서서
내가 부드러운 목소리로 이야기할 때
우리는 서로 만난 것을 탓할 것인가
우리는 서로 헤어질 것을 원할 것인가.

새로운 결의를 위하여

나의 나라 나의 마을 사람들은
아무 회한도 거리낌도 없이 거저
적의 침략을 쳐부수기 위하여
신부(新婦)와 그의 집을 뒤에 남기고
건조한 산악에서 싸웠다 그래서
그들의 운명은 노호(怒號)했다
그들에겐 언제나 축복된 시간이 있었으나
최초의 피는 장미와 같이 가슴에서 흘렀다.
새로운 역사를 찾기 위한
오랜 침묵과 명상 그러나
죽은 자와 날개 없는 승리
이런 것을 나는 믿고 싶지가 않다.

더욱 세월이 흘렀다고 하자
누가 그들을 기억할 것이냐.
단지 자유라는 것만이 남아 있는 거리와
용사(勇士)의 마을에서는
신부는 늙고 아비 없는 어린것들은
풀과 같이
바람 속에서 자란다.

옛날이 아니라 그저 절실한 어제의 이야기
침략자는 아직도 살아 있고
싸우러 나간 사람은 돌아오지 않고
무거운 공포의 시대는 우리를 지배한다.
아 복종과 다름이 없는 지금의 시간
의의를 잃은 싸움의 보람
나의 분노와 남아 있는 인간의 설움은
하늘을 찌른다.

폐허와 배고픈 거리에는
지나간 싸움을 비웃듯이 비가 내리고
우리들은 울고 있다
어찌하여?
소기(所期)의 것은 아무것도 얻지 못했다.
원수들은 아직도 살아 있지 않은가.

서정 또는 잡초

식물

태양은 모든 식물에게 인사한다.

식물은 24시간 행복하였다.

식물 위에 여자가 앉았고
여자는 반역한 환영을 생각했다.

향기로운 식물의 바람이 도시에 분다.

모두들 창을 열고 태양에게 인사한다.

식물은 24시간 잠들지 못했다.

서정가(抒情歌)

실신(失神)한 듯이 목욕하는 청년

꿈에 본 '조세프 베르네'[1]의 바다

반(半)연체동물의 울음이 들린다

새너토리엄[2]에 모여든 숙녀들

사랑하는 여자는 층계에서 내려온다

'니자미'[3]의 시집보다도 비장한 이야기

냅킨이 가벼운 인사를 하고

성하(盛夏)의 낙엽은 내 가슴을 덮는다.

---

1 Claude Joseph Vernet(1714~1789) : 프랑스 낭만주의 화가. 항구의 풍경을 주로 그림.
2 Sanatorium : 요양소. 휴양지.
3 Nizami Ganjawi(1141~1209) : 중세 페르시아의 시인. 낭만적 서사시를 주로 씀.

식민항(植民港)의 밤

향연의 밤
영사(領事) 부인에게 아시아의 전설을 말했다.

자동차도 인력거도 정차되었으므로
신성한 땅 위를 나는 걸었다.

은행 지배인이 동반한 꽃 파는 소녀
그는 일찍이 자기의 몸값보다
꽃 값이 비쌌다는 것을 안다.

육전대(陸戰隊)[4]의 연주회를 듣고 오던 주민은
적개심으로 식민지의 애가(哀歌)를 불렀다.

삼각주의 달빛
백주(白晝)의 유혈을 밟으며 찬 해풍이 나의 얼굴을
적신다.

---

4 '해병대'의 이전 이름.

장미의 온도

나신(裸身)과 같은 흰 구름이 흐르는 밤
실험실 창밖
과실의 생명은
화폐 모양 권태하고 있다.
밤은 깊어가고
나의 찢어진 애욕은
수목(樹木)이 방탕하는 포도(舖道)에 질주한다.

나팔 소리도 폭풍의 부감(俯瞰)[5]도
화판(花瓣)[6]의 모습을 찾으며
무장(武裝)한 거리를 헤맸다.

태양이 추억을 품고
암벽을 지나던 아침
요리와 위대한 평범을
Close-up한 원시림의
장미의 온도

---

5 부감(俯瞰) : 높은 곳에서 내려다봄.
6 원본에는 '화변(花辨)'으로 표기됨. '화판(花瓣)'의 오기인 듯. '화판'의 의미는 꽃잎.

나의 생애에 흐르는 시간들

나의 생애에 흐르는 시간들
가느다란 1년의 안젤루스[7]

어두워지면 길목에서 울었다
사랑하는 사람과

숲속에서 들리는 목소리
그의 얼굴은 죽은 시인이었다

늙은 언덕 밑
피로한 계절과 부서진 악기

모이면 지난날을 이야기한다
누구나 저만이 슬프다고

가난을 등지고 노래도 잃은
안개 속으로 들어간 사람아

---

[7] Angelus : 가톨릭에서 아침 · 정오 · 저녁에 드리는 삼종 기도.

이렇게 밝은 밤이면
빛나는 수목(樹木)이 그립다

바람이 찾아와 문은 열리고
찬 눈은 가슴에 떨어진다

힘없이 반항하던 나는
겨울이라 떠나지 못하겠다

밤새우는 가로등
무엇을 기다리나

나도 서 있다
무한한 과실(果實)만 먹고

불행한 샹송

산업은행 유리창 밑으로
대륙의 시민이 푸롬나드[8]하던 지난해 겨울
전쟁을 피해 온 여인은
총소리가 들리지 않는 과거로
수태(受胎)하며 뛰어다녔다.

폭풍의 뮤즈는 등화관제 속에
고요히 잠들고
이 밤 대륙은 한 개 과실처럼
대리석 위에 떨어졌다.

짓밟힌 나의 우월감이여
시민들은 한 사람 한 사람이 '데모스테네스'[9]
정치의 연출가는 도망한
아를캥[10]을 찾으러 돌아다닌다.

---

8 promenade : 산책이나 행진.
9 Demosthenes : 고대 그리스의 웅변가, 정치가.
10 Arlequin : 규범 표기는 '아를르캥'. 중세 이탈리아의 희극에 등장하는 광대. 가면을 쓰고 교활하고 익살스러운 연기를 함.

시장(市長)의 조마사(調馬師)는
밤에 가장 가까운 저녁때
웅계(雄鷄)가 노래하는 블루스에 화합되어
평행면체의 도시계획을
코스모스가 피는 한촌(寒村)으로 안내하였다.

의상점에 신화(神化)한 마네킹
저 기적(汽笛)은 Express for Mukden[11]
마로니에는 창공에 동결되고
기적처럼 사라지는 여인의 그림자는
재스민의 향기를 남겨주었다.

---

11 묵덴행 급행. '묵덴'은 중국 동북지방의 최대 도시인 선양(瀋陽)의 만주어 명칭 영문 표기.

사랑의 파라볼라(Parabola)[12]

어제의 날개는 망각 속으로 갔다.
부드러운 소리로 창을 두들기는 햇빛
바람과 공포를 넘고
밤에서 맨발로 오는 오늘의 사람아

떨리는 손으로 안개 낀 시간을 나는 지켰다.
희미한 등불을 던지고
열지 못할 가슴의 문을 부쉈다.

새벽처럼 지금 행복하다.
주위의 혈액은 살아 있는 인간의 진실로 흐르고
감정의 운하로 **표류하던**
나의 그림자는 지나간다.

내 사랑아
너는 찬 기후에서 긴 행로를 시작했다. 그러므로
폭풍우도 서슴지 않고 참혹마저 무섭지 않다.

---

12 포물선.

짧은 하루 허나
너와 나의 사랑의 포물선은
권력 없는 지구 끝으로
오늘의 위치의 연장선이
노래의 형식처럼 내일로
자유로운 내일로……

구름

어린 생각이 부서진 하늘에
어머니 구름 작은 구름들이
사나운 바람을 벗어난다.

밤비는
구름의 층계를 뛰어내려
우리에게 봄을 알려주고
모든 것이 생명을 찾았을 때
달빛은 구름 사이로
지상의 행복을 빌어주었다.

새벽 문을 여니
안개보다 따스한 호흡으로
나를 안아주던 구름이여
시간은 흘러가
네 모습은 또다시 하늘에
어느 곳에서도 바라볼 수 있는
우리의 전형
서로 손잡고 모이면
크게 한 몸이 되어
산다는 괴로움으로 흘러가는 구름

그러나 자유 속에서
아름다운 석양 옆에서
헤매는 것이
얼마나 좋으니

전원(田園)

I

홀로 새우는 밤이었다.
지난 시인의 걸어온 길을
나의 꿈길에서 부딪혀본다.
적막한 곳엔 살 수 없고
겨울이면 눈이 쌓일 것이
걱정이다.
시간이 갈수록
바람은 모여들고
한 칸 방은 잘 자리도 없이
좁아진다.
밖에는 우수수
낙엽 소리에
나의 몸은
점점 무거워진다.

II

풍토의 냄새를
산마루에서

지킨다.
내 가슴보다도
더욱 쓰라린
늙은 농촌의 황혼
언제부터 시작되고
언제 그치는
나의 슬픔인가.
지금 쳐다보기도 싫은
기울어져가는
만하(晚夏)
전선 위에서
제비들은
바람처럼
나에게 작별한다.

Ⅲ

찾아든 고독 속에서
가까이 들리는
바람 소리를 사랑하다.
창을 부수는 듯
별들이 보였다.
7월의
저무는 전원
시인이 죽고

괴로운 세월은
어데론지[13] 떠났다.
비 내리면
떠난 친구의 목소리가
강물보다도
내 귀에
서늘하게 들리고
여름의 호흡이
쉴 새 없이
눈앞으로 지난다.

Ⅳ

절름발이 내 어머니는
삭풍에 쓰러진
고목 옆에서 나를
불렀다.
얼마 지나
부서진 추억을 안고
염소처럼 나는
울었다.
마차가 넘어간

---

13 '어디론지'의 방언

언덕에 앉아
지평에서 걸어오는
옛사람들의
모습을 본다.
생각이 타오르는
연기는
마을을 덮는다.

제4부

기타 시편들

언덕

연 날리던 언덕
너는 떠나고
지금 구름 아래
연을 따른다
한 바람 두 바람
실은 풀리고
연이 떨어지는 곳
너의 잠든 곳

꽃이 지니
비가 오며 바람이 일고
겨울이니
언덕에는 눈이 쌓여서
누구 하나 오지 않아
네 생각하며
연이 떨어진 곳
너를 찾는다

(『자유신문』, 1948. 11. 25)

정신의 행방을 찾아

선량한 우리의 조상은
투르키스탄[1] 광막한 평지에서
근대 정신을 발생시켰다.
그러므로 폭풍 속의 인류들이여
홍적세기(洪績世紀)[2]의 자유롭던 수륙 분포(水陸分布)를
오늘의 문명 불모의 지구와 평가할 때
우리가 보유하여온 순수한 객관성은 가치가 없다.

중화민국 광서성(廣西省) 북경 근교
자바(피테칸트로푸스)[3]를 가리켜
전란과 망각의 토지라 함이
인류의 고뇌를 지적할 수 있는 것이다.
미래에의 수목(樹木)처럼 기억에 의지되어 세월을 등지고

---

1 Turkistan : 파미르 고원을 중심으로 한 중앙아시아 지역. 파미르고원과 텐산산맥을 사이에 두고 서투르키스탄과 동투르키스탄으로 구분됨.
2 플라이스토세(Pleistocene Epoch) : 지질시대 신생대 제4기의 전반의 세를 말하며 홍적세, 갱신세, 최신세라고도 함. 화산활동이 뚜렷하게 나타나고 인류의 조상이 나타난 시기.
3 Pithecanthropus : 1891년 뒤부아(Marie Eugene Francois Thomas Dubois)가 자바섬에서 발견한 화석 인류. 약 40만 년 전에 살았으리라 추측되며, 직립 보행을 하였을 것으로 보임. 베이징 원인(猿人)과 함께 사람과(科)에 포함시키며, 호모 에렉투스라는 학명으로 명명됨.

육체와 노예—
어제도 오늘도 전지(戰地)에서 사라진 사고(思考)의 비극

영원한 바다로 밀려간 반란의 눈물
화산처럼 열을 토하는 지구의 시민
냉혹한 자본의 권한에 시달려
또다시 자유 정신의 행방을 찾아
추방, 기아
오 한없이 이동하는 운명의 순교자
사랑하는 사람의 의상마저
이미 생명의 외접선(外接線)에서 폭풍에 날아갔다.

온 세상에 피의 비와 종소리가 그칠 때
시끄러운 시대는 어디로 가나
강렬한 싸움 속에서
자유와 민족이 이지러지고
모든 건축과 원시(原始)의 평화는
새로운 증오에 쓰러져간다.
아 오늘날 모든 시민은
정막한 생명의 존속을 지킬 뿐이다.

(『민성』, 1949. 3)

1950년의 만가

불안한 언덕 위에로
나는 바람에 날려간다
헤아릴 수 없는 참혹한 기억 속으로
나는 죽어간다
아 행복에서 차단된
지폐처럼 더럽힌 여름의 호반
석양처럼 타올랐던 나의 욕망과
예절 있는 숙녀들은 어데로 갔나
불안한 언덕에서
나는 음영처럼 쓰러져간다
무거운 고뇌에서 단순으로
나는 죽어간다
지금은 망각의 시간
서로 위기의 인식과 우애를 나누었던
아름다운 연대를 회상하면서
나는 하나의 모멸의 개념처럼 죽어간다

(『경향신문』, 1950. 5. 16)

약속

먹을 것이 없어도
배가 고파도
우리는 살아나갈 것을
약속합시다.
떨어진 신발
무루팍[4]이 보이는 옷을 걸치고
우리는 열심히 배울 것을
약속합시다.
세상은 그리 아름답지
못하나
푸른 하늘과 내
마음은 영원한 것
오직 약속에서 오는
즐거움을 기다리면서
남보담 더욱 진실히
살아나갈 것을
약속합시다.

(『학우』 2년생 2호, 1952. 6)

---

4 '무릎'의 방언

바닷가의 무덤

쏟아져 오는 바람에 기대어
나는 행복된 날을 생각한다
허나 떠날 수 없는 항구여
작별할 수 없는 육지여

나는 지금 병원선(病院船)의 네온을 바라보면서
짧은 인간의 운명에 있어
진실로 행복된 것이 무엇이었던가를 생각한다

평이한 죽음의 바다
갈매기 기적(汽笛)
시체와 같이 표정 없는 선박
사랑과 영광에 살던 가랁아버린 풍경
좀처럼 나와는 가까이할 수 없는 돈과 같이
이 불모의 토지에서
불행한 종말의 항구에 있어서
나에게도 행복된 날이 있었던 것인가

성하(盛夏)
구멍 난 하늘에선 비도 내리지 않고

내가 겨누운 최후의 화살은
신의 가슴을 찔렀다

어두운 밤이면
무덤과 같이 조용한 부산의 시가를 벗어나
쏟아져 오는 바람에 기대어
떠나야 할 항구와
작별할 수밖에 없는 육지를
지나간 행복처럼 생각하는 것이다

(『재계』 2호, 1952. 9)

구름과 장미

구름은 자유스럽게
푸른 하늘 별빛 아래
흘러가고 있었다

장미는 고통스럽게
내려쪼이는 태양 아래
홀로 피어 있었다

구름은 서로 손잡고
바람과 박해를 물리치며
더욱 멀리 흘러가고 있었다

장미는 향기 짙은 몸에 상처를 지니며
그의 눈물로 붉게 물들이고
침해하는 자에게 꺾이어갔다

어느 날 나는 보았다
산과 바다가 정막에 잠겼을 때

구름이 흐르고

장미는 시들은 것을……

(『학우』 2년생 3호, 1952. 9)

봄은 왔노라

겨울의 괴로움에 살던 인생은 기다릴 수 있었다
마음이 아프고 세월은 가도 우리는 3월을 기다렸노라.

사랑의 물결처럼
출렁거리며 인생의 허전한 마음을 슬기로운
태양만이 빛내주노라.

전화(戰火)에 사라진
우리들의 터전에
페르스 네즈[5]의 꽃은 피려니
'세계가 꿈이 되고
꿈이 세계가 되는'
줄기찬 봄은 왔노라.

어두운 밤과 같은
고독에서 마음을
슬프게 피로시키던 겨울은
울음소리와 함께 그치고

---

5 백합과의 꽃을 뜻하는 프랑스어. 영어로는 스노드롭(snowdrop).

단조로운 소녀의
노래와도 같이

그립던 평화의 날과도 같이

인생의 새로운 봄은 왔노라.

페르스 네즈(perce neige)

(『신태양』, 1954. 3)

가을의 유혹

가을은 내 마음에
유혹의 길을 가리킨다
숙녀들과 바람의 이야기를 하면
가을은 다정한 피리를 불면서
회상의 풍경을 지나가는 것이다.

전쟁이 길게 머무른 서울의 노대(露臺)에서
나는 모딜리아니[6]의 화첩을 뒤적거리며
정막한 하나의 생애의 한시름을
찾아보는 것이다
그러한 순간
가을은 청춘의 그림자처럼 또는
낙엽 모양 나의 발목을 끌고
즐겁고 어두운 사념의 세계로 가는 것이다.

즐겁고 어두운 가을의 이야기를 할 때
목 메인 소리로 나는 사랑의 말을 한다
그것은 폐원(廢園)에 있던 벤치에 앉아

---

6   아메데오 모딜리아니(Amedeo Modigliani, 1884~1920) : 이탈리아의 화가. 프랑스 파리에서 사망.

고갈된 분수를 바라보며
지금은 죽은 소녀의 팔목을 잡던 것과 같이
쓸쓸한 옛날의 일이며
여름은 느리고 인생은 가고
가을은 또다시 오는 것이다.

회색 양복과 목관악기는 어울리지 않는다
그저 목을 늘어뜨리고
눈을 감으면
가을의 유혹은 나로 하여금 잊을 수 없는
사랑의 사람으로 한다
눈물 젖은 눈동자로 앞을 바라보면
인간이 매몰될 낙엽이
바람에 날리어 나의 주변을 휘돌고 있다.

(『목마와 숙녀』, 근역서재, 1976)

봄 이야기

농부가 술을 마실 때 나무에서 새가 날았다.
봄날. 언젠가 사나운 겨울이 가고 봄은 왔단다.
사랑이 싹트고 웃음이 우거지는 전원.
조마사(調馬師)[7]와 수녀.
풍경 속에서 종이 울린다.

주장(酒場)의 작부(酌婦)와 손을 맞잡고
꽃 이야기는 어울리지 않는다. 그저
옛날이 아니면 내일의 거짓말을 하면서
이날을 보내는 것이다.

술을 마시고 나면 아무에게나 인사해도 좋다.
산과 강물은 푸르고 인생은 젊었다.
농부의 말은 숲속으로 달아나고
옷 벗은 수녀는 수치를 모른다.

황혼. 연지와 같이 고운 하늘은 멀다.

---

7 조마사(調馬師) : 말을 길들이는 일을 직업으로 하는 사람.

물방아는 돌고 바람은 가슴을 찌른다.
그럴 때 새가 재잘거리는 것처럼
사람들은 휘파람에 맞추어 노래한다.
……봄은 진정 즐거운 것인가……고.

교회의 종소리가 어두움을 알린다.

(『아리랑』 4호, 1955. 4)

주말

산길을 넘어가면

별장.

주말의 노래를 부르며

우리는 술을 마시고

주인은

얇은 소설을 읽는다

오늘의 뱀아

저기 쏟아지는 분수를 마셔

그늘이 가린 언덕 아래

어린 여자의 묘지

거기서 들려오는

찬미가.

칫솔로 이를 닦는

이름 없는 영화배우

······공포의 보수(報酬)[8]······

······니트로글리세린[9]······

---

8 〈The Wages of Fear〉: 1953년 프랑스의 앙리 조르주 크루조 감독이 제작한 스릴러 영화. 이브 몽탕 주연.

9 nitroglycerin : 달고 타는 듯한 맛이 나는 무색의 유성 액체. '선인장'과 함께 영화 〈공포의 보수〉에서 소재로 사용됨.

……과테말라 공화국의 선인장……

일요판『니폰타임스』[10]의 잉크 냄새.

별장에도

폭포는 요란하고

라디오의 찢어진 음악이 끊일 줄 모른다

주인은 잠이 들었고

우리는 산길을 내려간다.

(『시작』, 1955. 5. 20)

---

10 재팬 타임스(The Japan Times) : 1897년 창간되어 도쿄에서 발행되는 영자 신문. 1943년 니폰 타임스(Nippon Times)란 이름을 쓰다가 1956년 재팬 타임스로 되돌아옴.

무희(舞姬)가 온다 하지만

유리창 밖에는
바람이 부는 계절이 있었다.
그러한 날
몇 잔의 양주를 마시고
아메리카에서 오는 무희의 이야기를
우리는 하고 있는 것이다.
보잘것없는 시인과 정다운
이야기를 주고받는 젊은 경찰관은 마치 '그레이엄 그린'[11]의 주인공
'스코비'[12]와 같은 웃음을 띄운다.

아메리카에서 오는 무희는
유리창 밖에 오지는 않을 것이다.
저 들창에는 아직 즐거움은
나타난 적이 없으며
우리는 결코 바라지도 못하는 일이다.
몇 잔의 술의 힘을 빌리어

---

11 Graham Greene(1904~1991) : 영국의 소설가. 주요 작품 『권력과 영광』 『제3의 사나이』 등이 있음.
12 그레이엄 그린의 소설 『사건의 핵심』의 주인공. 박인환은 「스코비의 자살」이란 산문도 썼다.

거저 나는 젊은 경찰관에게
'스코비' 처럼 자살해보라고
외쳐보았다.

손쉽게 말하면
그분은 결혼도 하지 못했고
밀수업자나 정부(情婦)를 알지 못한다.
나의 시를 읽고
가을 속에 바람을 따르며
청춘이 가는 것을 안다.
그리고 그 어떠한 날
몇 잔의 양주를 마시고
지성이나 무희나 그리고 금전이 괴롭히는
세상 얘기를 했을 베고[13]이다.
창밖에는
어두움이 깊었다.

(『지방행정』 제4권 제11호, 1955. 11)

---

13 인쇄 상태가 정확하지 않아 다음으로 추정된다. ① 베고 : べっこ(별개). ② 배고 : '배코'의 전라 방언. 상투를 앉히기 위해 머리털을 깎아낸 자리.

하늘 아래서

멕시칸 Jade[14]와 같은 하늘 아래서
우리는 담배를 피우며 죽은 자의 얘기를 한다.

a 그들은 회색의 그림자
b 돌아오지 않는 사람들

a 웃어주는 숙녀도 없고
b 거기엔 그저 신비한 것이 있었다.

a 바람은 한숨을 먹여[15]주면 고맙다
b 고통의 살결과 고뇌의 날에.

a 그들은 하늘과 함께 추위와 싸울 것이다
b 그들은 하늘과 함께 태양과 싸울 것이다.

a 아 에메랄드처럼 반짝이는 얼굴
b 그들은 비처럼 내리는 별 하늘에 잠이 들었다.

(『코메트』 제18호, 1956. 1)

---

14 옥. 비취.
15 본문에는 '먹겨'로 표기되어 있는데 '먹여'의 오기인 듯.

대하(大河)

큰물이 흐른다
역사와 황혼을 품 안에 안고
인생처럼
그리고 지나간 싸움처럼
굽이치며 노도하며
내 가슴에 큰물이 흐른다.

신비도 증오도
피라미드도 불상도 그 위에 흐르고
내가 살던 아크로폴리스 마을에
큰물이 흐른다.

어느 산줄기에 그 수원(水源)이 있는가
어느 가슴 아픈 인간의 피눈물인가

나는 보았다
썩은 다리와 고목들이
큰물에 씻겨 나가는 것을
벼루와 서책이 출렁거리는 것을

큰물이 흐른다

목메어 우는 사람과
고달픈 역사와 황혼을 품 안에 안고
침울한 큰물이 흐른다.

과거는 잠자고
오직 대하가 있다.

(『국도신문』, 1956. 1. 29)

환영의 사람[16]

그 눈 내리는 창가에
행복은 오지 않았다. 허나
사람아 환영의 사람아
너는 떠났다
내리는 눈과도 같이.

젊은 날
그리고 애달픈 사랑의 날
너는 아무 말도 없이
웃고 있었다
내 머리에 조소(嘲笑)로운
눈이 내리듯
환영의 사람아
너는 지금 내 눈에 산다.

(『민주경찰』, 1956. 2. 15)

---

16 「환영의 날」이란 제목의 이본도 존재한다.

봄의 바람 속에

경사진 도시의 한복판에
또는
줄기찬 혹한을 벗어난
봄의 바람 속에
우리의 암담한 청춘은 간다.

노래를 잊은 시인과 같이
그 바람에는 흐뭇한 감정도 없고
오랜 음영(陰影)에 시달린
여윈 소리만이 흘렀다.

나는 보았다
길목에서 낡은 신문 조각을.
그리고 이 차디찬 세계의 여운을
품 안에 안고
그 봄의 바람이 떠나는 것을.

전연 삭풍이라고 불리던 것이
경사된 도시의 한복판에
계절의 태양이 오면

봄의 바람이 되고
지금 이지러진 청춘 때문에
나는 그것이 부드럽게 생각이 된다

(『민주신보』, 1956. 3. 9)

인제

인제
봄이면 진달래가 피었고
설악산 눈이 녹으면
천렵[17] 가던 시절도
이젠 추억.

아무도 모르는 산간벽촌에
나는 자라서
고향을 생각하며 지금 시를 쓰는
사나이
나의 기묘한 꿈이라 할까
부질없고나.[18]

그곳은
전란으로 폐허가 된 도읍
인간의 이름이 남지 않은 토지
하늘엔 구름도 없고

---

17 원본에는 '철렵'으로 표기됨.
18 원본에는 '부지럽고냐'로 표기됨.

나는 삭풍 속에서 울었다
어느 곳에 태어났으며
우리 조상들에게 무슨 죄가 있던가.

눈이여
옛날 시몽의 얼굴을 곱게 덮어준
눈이여
너에게는 정서와 사랑이 있었다 하더라.

나의 가난한 고장
인제
봄이여
빨리 오거라.

(『조선일보』, 1956. 3. 11)

제5부

유고 시

죽은 아폴론
이상(李箱) 그가 떠난 날에

오늘은 3월 열이렛날
그래서 나는 망각의 술을 마셔야 한다
여급 '마유미'¹가 없어도
오후 세 시 이십오 분에는
벗들과 '제비'²의 이야기를 하여야 한다.

그날 당신은
동경제국대학 부속병원에서
천당과 지옥의 접경으로 여행을 하고
허망한 서울의 하늘에는 비가 내렸다

운명이여
얼마나 애타운 일이냐
권태와 인간의 날개
당신은 싸늘한 지하에 있으면서도
성좌를 간직하고 있다.

정신의 수렵을 위해 죽은

---

1 1936년 이상이 발표한 단편소설 「지주회시」에 등장하는 인물.
2 이상이 운영했던 다방 이름.

'랭보'[3]와도 같이
당신은 나에게
환상과 흥분과
열병과 착각을 알려주고
그 빈사의 구렁텅이에서
우리 문학에
따뜻한 손을 빌려준
정신의 황제.

무한한 수면(睡眠)
반역과 영광
임종의 눈물을 흘리며 결코
당신은 하나의 증명을 갖고 있었다
'이상(李箱)'이라고.

(『한국일보』, 1956. 3. 17)

---

[3] 장 니콜라 아르튀르 랭보(Jean Nicolas Arthur Rimbaud, 1854~1891). 프랑스 시인. 시집 『지옥에서 보낸 한 철』 있음. 상징주의와 초현실주의 영향을 끼침.

뇌호내해(瀨戶內海)[4]

그날은 3월
율리시즈가 잠자듯이
나는 이 바다에서 잠든다.

태양은 레몬
그 향기를 품에 안고
조용한 바다 위를 흐른다.

인생은 표류
작은 어선들이
과거를 헤맨다

이국의 바다 섬들 속에 있는
세토나이카이 그 물결 위에
나의 회한이 간다.

(『문학예술』, 1956. 4)

---

4 세토나이카이(せとないかい). 일본 혼슈 서부와 규수·시코쿠에 에워싸인 내해.

침울한 바다

그러한 잠시
그 들창에서 울던 숙녀는
오늘의 사람이 아니다.

목마의 방울 소리
또한 번갯불
이지러진 길목
다시 돌아온다 해도
그것은 사랑을 지니지 못했다.

해야 새로운 암흑아
네 모습에
살던 사랑도
죽던 사람도
잊어버렸구나.

침울한 바다
사랑처럼 보기 싫은
오늘의 사람.

그 들창에
지나간 날과 침울한 바다와 같은
나만이 있다.

(『현대문학』, 1956. 4)

옛날의 사람들에게*
물고(物故)[5] 작가 추도회의 밤에

당신들은 살아 있었을 때
불행하였고
당신들은 살아 있었을 때
즐거운 말이 없었고
당신들은 살아 있었을 때
사랑해주던 사람이 없었습니다.

나라가 해방이 되고
하늘에 자유의 깃발이 퍼덕거릴 때
당신들은
오랜 고난과 압박의 병균에
몸을 좀먹혀
진실한 이야기도
사랑의 노래도 잊어버리고
옛날의 사람이 되었습니다.

나는 지금 당신들이 죽어서 이 노래를
부르는 것이 아닙니다.

---

5 사회적으로 이름난 사람의 죽음.

당신들의 호흡이 지금 끊어졌다 해도
거룩한 정신과
그 예술의 금자탑은
밤낮으로 나를 가로막고 있으며
내 마음이 서운할 때에
나는 당신들이 만든 문화의 화단 속에서 즐길 수 있기 때문입니다.

당신들은 살아 있는 우리들의
푸른 '시그널'
우리는 그 불빛이 가리키는 방향으로
당신들의 유지를 받들어가고 있습니다.

사랑하는 당신들이여
가난과 고통과 멸시를 무릅쓰면서
당신들의 싸움은 끝이 났습니다.

승리가 온 것인지
패배가 온 것인지
그것은 오직 미래만이 알며
남아 있는 우리들은
못 잊는 이름이기에
당신들 우리 문화의 선구자들을
이 한자리에 모셨습니다.

당신들은 살아 있었을 때

불행하였고
당신들은 살아 있었을 때
즐거운 말이 없었고
당신들은 살아 있었을 때
사랑해주던 사람들이 없었습니다.

허나 지금
당신들은 불행하지 않으며
우리의 말은 빛나며
오늘 이처럼 많은 사람들이 모여
당신들을 사랑하고 있습니다.

(『한국일보』, 1956. 4. 7)

* 이 1편의 시는 고(故) 박인환 시인이 세상을 떠나기 사흘 전, 자유문협 주최의 '물고 작가 추념제'를 위하여 자신이 당일 낭독하려고 지어두었던 유고이다. 박 시인은 자기 스스로 물고 작가의 한 사람이 되어 이날 제전에서 자신이 읽으려던 도시(悼詩)를 명계(冥界)의 혼이 되어 듣는 사람이 되리라고는 꿈에도 생각하지 못했을 것이다.

이국 항구

에버렛[6] 이국의 항구
그날 봄비가 내릴 때
돈나 캠벨 잘 있거라.

바람에 펄럭이는[7] 너의 잿빛 머리
열병에 걸린 사람처럼
내 머리는 화끈거린다.

몸부림쳐도 소용없는
사랑이라는 것을 서로 알면서도
젊음의 눈동자는 막지 못하는 것.

처량한 기적
덱에 기대어 담배를 피우고
이제 나는 육지와 작별을 한다.

눈물과 신화의 바다 태평양

---

6 Everett : 미국 워싱턴주 북서부 스노호미시 카운티에서 가장 큰 도시. 국제 화물항인 에버렛 항구 있음.
7 원본에는 '펄덕이는'으로 표기됨.

주검처럼 어두운 노도(怒濤)를 헤치며
남해호(南海號)의 우렁찬 엔진은 울린다.

사랑이여 불행한 날이여
이 넓은 바다에서
돈나 캠벨— 불러도 대답은 없다.

* 이 시는 지난 3월 20일 작고한 필자가 지니고 있던 미발표의 작품이다.

(『경향신문』, 1956. 4. 7)

세월이 가면[8]

지금 그 사람의 이름은 잊었지만
그의 눈동자 입술은
내 가슴에 있어.

바람이 불고
비가 올 때도
나는 저 유리창 밖
가로등 그늘의 밤을 잊지 못하지

사랑은 가고
과거는 남는 것
여름날의 호숫가
가을의 공원
그 벤치 위에
나뭇잎은 떨어지고

---

8 노래로 만들어질 때 다음과 같이 수정되었다.
   "지금 그 사람의 이름은 잊었지만 그 눈동자 입술은 내 가슴에 있네 바람이 불고 비가 올 때도 나는 저 유리창 밖 가로등 그늘의 밤을 잊지 못하지 사랑은 가고 옛날은 남는 것 여름날 호숫가 가을의 공원 그 벤치 위에 나뭇잎은 떨어지고 나뭇잎은 흙이 되고 나뭇잎에 덮여서 우리들 사랑이 사라진다 해도 지금 그 사람 이름은 잊었지만 그 눈동자 입술은 내 가슴에 있네 내 서늘한 가슴에 있네"(『주간희망』, 1956. 4. 13)

나뭇잎은 흙이 되고
나뭇잎에 덮여서
우리들 사랑이 사라진다 해도

지금 그 사람 이름은 잊었지만
그의 눈동자 입술은
내 가슴에 있어
내 서늘한 가슴에 있건만

(『목마와 숙녀』, 근역서재, 1976)

5월의 바람

그 바람은
세월을 알리고

그 바람은
내가 쓸쓸할 때 불어온다.

그 바람은
나에게 젊음을 가르치고

그 바람은
봄이 떠나는 것을 말한다.

그 바람은
눈물과 즐거움을 갖고 있다

그 바람은
오월의 바람.

(『학원』, 1956. 5)

3·1절의 노래

즐겁게 3·1절을 노래했던 해부터 지금 10년이 지났다
독립이 있었고
눈보라 치던 피난을 겪으며
곤란과 서러움의 10년이 지났다.

변함없이 푸르른 하늘
그때의 사람과
그때의 깃발을
하늘은 잊지 않는다.
아니 내 아버지와 내 가슴에
저항의 피가 흐른다.

지금 우리는 소리 없이 노래 부른다
노래를 부르지 않아도 좋다.
그것은 무거웁게 민족의 마음에
간직되어 있고
우리는 또한 싸움의 10년을 보냈다.

우리는 보지 못했어도
저 하늘은 선열의 주검을 보았고
그때의 태양은

지금의 태양

3월 초하루가 온다.
맑은 하늘과 우리의 마음에
독립과 자유를 절규하던
그리운 날이 온다.

(『아리랑』, 1957. 4)

* 작자 박인환은 1956년 3월 32세를 일기로 서거. 저서로 『선시집』이 있고 이 시는 사거(死去) 2개월 전에 쓴 작품임.

거리

나의 시간에 스콜과 같은 슬픔이 있다
붉은 지붕 밑으로 향수가 광선을 따라가고
한없이 아름다운 계절이
운하의 물결에 씻겨갔다

아무 말도 하지 말고
지나간 날의 동화(童話)를 운율에 맞춰
거리에 화액(花液)을 뿌리자
따뜻한 풀잎은 젊은 너의 탄력같이
밤을 지구 밖으로 끌고 간다

지금 그곳에는 코코아의 시장이 있고
과실처럼 기억만을 아는 너의 음향이 들린다
소년들은 뒷골목을 지나 교회에 몸을 감춘다
아세틸렌 냄새는 내가 가는 곳마다
음영같이 따른다.

거리는 매일 맥박을 닮아갔다
베링 해안[9] 같은 나의 마을이

---

9 Bering Strait : 베링 해협. 태평양 북부의 베링해(海)와 북극해를 연결하는 해협. 지명은

떨어지는 꽃을 그리워한다
황혼처럼 장식한 여인들은 언덕을 지나
바다로 가는 거리를 순백한 식장(式場)으로 만든다

전정(戰庭)의 수목(樹木) 같은 나의 가슴은
베고니아를 끼어안고 기류 속을 나온다
망원경으로 보던 천만(千萬)의 미소를 회색 외투에
싸아
얼은 크리스마스의 밤길로 걸어보내자

(1946. 12)
(『목마와 숙녀』, 근역서재, 1976)

1728년 이 해협을 발견한 러시아의 탐험가 비투스 베링(Vitus Bering)의 이름에서 유래.

어떠한 날까지
이(李) 중위의 만가(輓歌)를 대신해서

―형님 저는 담배를
피우게 되었습니다―
이런 이야기를 하던 날
바다가 반사된 하늘에서
평면의 심장을 뒤흔드는
가늘한 기계의 비명이 들려왔다
20세의 해병대 중위는
담배를 피우듯이
태연한 작별을 했다.

그가 서부전선 무명의 계곡에서
복잡으로부터
단순을 지향하던 날
운명의 부질함과
생명과 그 애정을 위하여
나는 이단(異端)의 술을 마셨다.

우리의 일상과 신변에
우리의 그림자는
명확한 위기를 말한다
나와 싸움과 자유의 한계는

가까우면서도
망원경이 아니면 알 수 없는
생명의 고집에 젖어버렸다
죽음이여
회한과 내성(內省)의 절박한 시간이여
적은 바로
나와 나의 일상과 그림자를 말한다.

연기와 같은 검은 피를 토하며……
안개 자욱한 젊은 연령의 음영에……
청춘과
자유의 존엄을 제시한
영원한 미성년
우리의 처참한 기억이
어떠한 날까지 이어갈 때
싸움과 단절의 들판에서
나는 홀로 이단의 존재처럼
떨고 있음을 투시한다.

(1952. 11. 20)
(『목마와 숙녀』, 근역서재, 1976)

이 거리는 환영한다
반공청년에게 주는 노래

어느 문이나
열리어 있다
식탁 위엔
장미와 술이
<u>흐르고</u>

깨끗한 옷도
걸려 있다
이 거리에는
채찍도
철조망도
설득 공작도
없다

이 거리에는
독재도
모해(謀害)도
강제노동도
없다
가고 싶은
거리에서

거리에로
가라
어데서나
가난한
이 민족
따스한 표정으로

어데서나
서러운
그대들의
지나간 질곡을
위로할 것이니

가고 싶은
거리에서
네 활개 치고
가라
이 거리는
찬란한 자유의
고장

이 거리는
그대들의
새로운 출발점
이제 또다시

막을 자는
아무도 없다
넓은 하늘
저 구름처럼
자유롭게
또한
뭉쳐 흘러라

어느 문이나
열리어 있다
깨끗한 옷에
장미를 꽂고
술을 마셔라

(『목마와 숙녀』, 근역서재, 1976)

제6부

번역 시

도시의 여자들을 위한 노래

알렉스 컴퍼트(ALEX COMFORT)[1]

오 눈(雪)과 불타는 포화의 세계여
밤과 요동하는 램프의 국토여
오 동포와 적의 밤이여

나는 그대와 만났다 그대는 또다시 돌아올 것이다
그대의 손은 고독에 빠져 있는 애인들과
모든 노래와 아직 출생하지 않은 어린애에의

복수에 빛나는 별로서 가득 차 있다
포화 속의 '애애(哀愛)로운 공주' 여
그 여자의 애인은 전사했다

그 여자의 애인은 전사했다 ―
모든 공동(空洞)의 자궁을 위해 해어진 손가락을 위하여

---

1 알렉산더 컴퍼트(Alex(ander) Comfort, 1920~2000) : 영국의 과학자 겸 의사. 소설과 논픽션의 저자. 노인 학자. 무정부주의자. 평화주의자. 양심적 병역 거부자.

복수는 불꽃이 되어 저편 별들을 향하여 비상한다

그 여자를 위해 불은 눈과 같이 차광(光)의 바람 속에서 나르는 흰 새와 같이

또다시 내려올 것이다

그 여자를 위해 포화는 바람에 섞여 거리거리는

뛰어가는 발과 불의 흐름을 동반하고 빛나고 있다

그 여자의 애인은 전선에서 죽었다

그 여자를 위하여 눈(雪)은 흰 하늘에

조용하게 흐르면서 합치는 개울처럼 사랑의 사람이 된다

소녀들이 유행하는 조용한 노래를 부르는 들판에서

그들의 손가락과

불타는 지붕과 뛰어가는 발은

그 여자의 상부(喪夫)에 복수하려고 친한 형제들모양 그 여자를 뒤를 따른다

그러면 높이 날아가는 포화는 지금 또다시 그 여자를 뒤따를 것이다

이러한 '유다'들에 대한 여자들의 분노여

오 저 창백한 신부는 그 여자의 뒤를 따르고
그 여자의 눈물로 빛나는 머리를 빨 것이다!

(『시작』, 1954. 7)

■■■ 작품 해설

역사의식을 견지한 모더니즘 시

맹문재

1.

박인환 시인은 1945년 8월 15일 조선이 일제로부터 해방되자 평양의학전문학교를 그만두고 상경해 '마리서사(茉莉書舍)'를 개업하면서 시인의 길로 들어섰다. 1948년 김경린, 김경희, 김병욱, 임호권과 함께 동인지 『신시론』을 발간했고, 1949년 김경린, 심수영, 임호권, 양병식과 함께 합동시집 『새로운 도시와 시민들의 합창』을 발간했다. 한국전쟁이 일어나기 전까지 발표한 시작품은 다음과 같다.

1) 「인천항」(『신조선』, 1947. 4)
2) 「남풍」(『신천지』, 1947. 7)
3) 「사랑의 Parabola」(『새한민보』, 1947. 10)
4) 「나의 생애에 흐르는 시간들」(『세계일보』, 1948. 1. 1)
5) 「인도네시아 인민에게 주는 시」(『신천지』, 1948. 2)

6) 「지하실」(『민성』, 1948. 3)

7) 「고리키의 달밤」(『신시론』, 1948. 4)

8) 「언덕」(『자유신문』, 1948. 11. 25)

9) 「전원시초」(『부인』, 1948. 12. 15)

10) 「열차」(『개벽』, 1949. 3)

11) 「정신의 행방을 찾아」(『민성』, 1949. 3)

12) 「1950년의 만가」(『경향신문』, 1950. 5. 16)

위에서 보듯이 박인환 시인은 1947년부터 『신천지』『민성』 등에 작품을 발표했는데, 「고리키의 달밤」은 동인지 『신시론』에도 수록했고, 「인천항」「남풍」「지하실」「인도네시아 인민에게 주는 시」는 합동시집 『새로운 도시와 시민들의 합창』에도 수록했다. 해방기의 국내외 상황을 모더니즘 시를 추구하며 담아낸 것이다.

박인환 시인은 『새로운 도시와 시민들의 합창』의 서문에서 제국주의의 팽창이 심각한 해방기의 정국을 "자본의 군대가 진주한 시가지"에 "증오와 안개가 낀 현실"로 파악했다. 그리하여 "지난날 노래하였던 식민지의 애가(哀歌)이며 토속의 노래"를 극복해야 된다고 인식했다. 일제의 식민지 지배로 인해 주권을 상실한 조선의 상황을 외면한 순수 서정시를 배제하고 그 극복 방안으로 "시민 정신"을 제시한 것이다. 박인환 시인이 1949년 7월 16일 국가보안법을 위반한 혐의로 내무부 치안국에 체포되어 조사받은 일도, 인도네시아를 비롯해 말레이시아, 월남, 캄보디아, 홍콩 등 오랫동안 식민지의 역사를 가진 아시아 국가들과 연대의식을 추구한 것도 같은 차원으로 이해할 수 있다.

>   제국주의의 야만적 제재는
>   너희뿐만 아니라 우리의 모욕
>   힘 있는 대로 영웅 되어 싸워라
>   자유와 자기 보존을 위해서만이 아니고
>   야욕과 폭압과 비민주적인
>   식민 정책을
>   지구에서 부숴내기 위해
>   반항하는 인도네시아 인민이여
>   최후의 한 사람까지 싸워라
>   ―「인도네시아 인민에게 주는 시」 부분

 300년 동안 포르투갈, 네덜란드, 일본 등 제국주의 국가들로부터 온갖 강탈과 착취를 받아온 인도네시아 국민들에게 "반항하는 인도네시아 인민이여/최후의 한 사람까지 싸워라"라고 호소하고 있다. 새로운 식민지에 놓여 있는 해방기의 상황을 직시하고 제국주의에 맞서자고 조선인들에게 호소하는 것이기도 하다. 결국 시민 정신을 토대로 삼고 제국주의의 식민지 정책을 비판하며 민족해방을 추구한 것이다. 그렇지만 박인환 시인이 추구했던 진정한 민족해방과 민족 국가 건설은 한국전쟁의 발발로 말미암아 좌절되고 말았다.

2.

 박인환 시인은 한국전쟁 기간(1950. 6~1953. 7)에 10편의 시작품을 발표했다. 생사를 넘나드는 긴박한 상황임을 고려하면 결코 적지 않은 작품

수이다. 육군종군작가단에 가입했고, 경향신문 기자로서 전쟁의 상황을 취재해 기사로 알리기도 했다. 주요 발표지면은 『경향신문』과 공군정훈부에서 발간한 『창궁』이었다.

1) 「회상의 긴 계곡」(『경향신문』, 1951. 6. 2)
2) 「무도회」(『경향신문』, 1951. 11. 20)
3) 「종말」(『신경향』, 1952. 6)
4) 「신호탄」(『창궁』, 1952. 5)
5) 「서부전선에서」(『창궁』, 1952. 5)
6) 「약속」(『학우』, 1952. 6)
7) 「미래의 창부」(『주간국제』, 1952. 7. 15)
8) 「바닷가의 무덤」(『재계』, 1952. 9)
9) 「구름과 장미」(『학우』, 1952. 9)
10) 「살아 있는 것이 있다면」(『수험생』, 1952. 11)

박인환 시인은 "새벽에 돌아가는 길 나는 내 친우가/전사한 통지를 받았다"(「무도회」), "향기 짙은 젖가슴을/총알로 구멍 내고"(「미래의 창부」), "군인이 피워 물던/물부리와 검은 연기의 인상과"(「회상의 긴 계곡」), "적을 쏘라/침략자 공산군을 사격해라"(「신호탄」) 등에서 보듯이 한국전쟁의 상황을 여실하게 그렸다. 잔혹한 전쟁을 겪은 한 인간으로서 "살아 있는 것이 있다면/여러 차례의 살육에 복종한 생명보다도/더한 복수와 고독을 아는"(「살아 있는 것이 있다면」) 것이라며 절망하고 분노한 것이다.

한국전쟁은 박인환 시인에게 엄청난 충격과 고통을 주었다. 그와 같은 모습은 "내가 이 세상에 태어나고 성장해온 그 어떠한 시대보다 혼란하였으며 정신적으로 고통을 준 것이었다"라고 『선시집』의 후기에서 밝힌 데서도 역력하다. 실제로 3년 1개월간 지속된 한국전쟁으로 말미암아 참전국 전체 사망자가 200만 명에 달했고, 한국인 사망자도 100만 명을 넘었으며, 1,000만 명 이상의 이산가족이 생겼다. 박인환 시인은 한반도 전체를 폐허로 만든 그 폭력적인 전쟁에 맞섰던 것이다.

3.

박인환 시인은 한국전쟁이 휴전된 뒤부터 타계할 때까지 왕성한 창작 활동을 펼쳤는데, 특히 1955년 『선시집』을 간행한 것은 의미가 크다. 시인이 생전에 남긴 유일한 시집이기 때문이기도 하지만, 시인의 시 세계가 집약되어 있기 때문이다. "시를 쓴다는 것은 내가 사회를 살아가는 데 있어서 가장 지지할 수 있는 마지막 것이었다. 나는 지도지도 이니며 정치가도 아닌 것을 잘 알면서 사회와 싸웠다."라고 『선시집』의 후기에서 밝힌 데서 보듯이 박인환 시인은 한국전쟁으로 인한 시대 상황을 적극적으로 담아내었다. 전쟁으로 인한 비인간적인 폭력과 모순에 맞섰던 것이다.

전쟁 때문에 나의 재산과 친우가 떠났다.
인간의 이지를 위한 서적 그것은 잿더미가 되고
지난날의 영광도 날아가 버렸다.
그렇게 다정했던 친우도 서로 갈라지고

간혹 이름을 불러도 울림조차 없다.
오늘도 비행기의 폭음이 귀에 잠겨
잠이 오지 않는다.
　　　　　　　—「잠을 이루지 못하는 밤」부분

　위의 작품에서 보듯이 박인환 시인은 한국전쟁으로 인해 소중한 가족과 친척과 친구들을 잃었다. 재산도 서적도 지난날의 영광도 상실했다. 사라져간 인연들은 어디에서도 찾을 수 없고 불러도 대답을 들을 수 없다. 그 슬픔은 깊고도 깊어 잠을 이룰 수 없었던 것이다.

저 들창에는 아직 즐거움은
나타난 적이 없으며
우리는 결코 바라지도 못하는 일이다.
몇 잔의 술의 힘을 빌리어
거저 나는 젊은 경찰관에게
스코비처럼 자살해보라고
외쳐보았다.
　　　　　　　—「무희(舞姬)가 온다 하지만」부분

　이 무렵 발표한 「무희(舞姬)가 온다 하지만」(『지방행정』, 1955. 11)은 "양주" "아메리카" "그레이엄 그린" "스코비" 등의 시어에서 보듯이 박인환 시인의 현대적인 감각을 잘 보여주고 있다. 그러면서도 "경찰관" "자살" "밀수업자" "금전" "세상 얘기" 등의 시어에서 보듯이 사회의식을 나타내고 있다. 아울러 "유리창 밖에는/바람이 부는 계절" "몇 잔의 술" "가을 속에 바람을 따르며" "청춘이 가는 것" "어두움이 깊었다" 등의 감상적인 구절로써 한국전쟁으로 인한 상실감과 허무감을 여실하게 담고 있다. 또 다른 시작품인「하늘 아래서」역시 "a"와 "b"라는 대화체의 기호를 내세워 모던한 형식을 취하고 있으면서 유사한 주제의식을 보이고 있다. "멕시칸" "Jade" "에메랄드" 등의 현대적인 시어들과 "죽은 자" "한숨" "고통" "고뇌" "싸울 것이다" 등의 현실 의식의 시어들, 그리고 "우리는 담배를 피우며" "회색의 그림자" "웃어주는 숙녀도 없고" "바람은 한숨을 먹여주면" 등의 감상적인 구절을 통해 한국전쟁으로 인한 슬픔과 절망감을 나타내고 있는 것이다.[1]

박인환 시인의 역사의식은 이와 같은 상황을 반영한 것이다.

> 나는 보았다
> 썩은 다리와 고목들이
> 큰물에 씻겨 나가는 것을
> 벼루와 서책이 출렁거리는 것을
>
> 큰물이 흐른다
> 목메어 우는 사람과
> 고달픈 역사와 황혼을 품 안에 안고
> 침울한 큰물이 흐른다.
>
> 과거는 잠자고
> 오직 대하가 있다.
>
> ―「대하(大河)」부분

---

1 맹문재,「박인환 표(!)의 작품들」,『실천문학』봄호, 2015, 385~386쪽.

위의 작품에서 볼 수 있듯이 박인환 시인의 역사의식은 "대하"처럼 넓고도 깊다. "역사와 황혼을 품 안에 안고/인생처럼/그리고 지나간 싸움처럼/굽이치며 노도하며/내 가슴에 큰물이 흐"르는 것이다. 그리하여 시인은 "침울한 큰물이 흐"르는 앞에 서서 "과거는 잠자고/오직 대하가 있다"라는 세계인식으로 한국전쟁의 상황을 직시하고 있다. 마치 「목마와 숙녀」에서 제2차 세계대전 때 생을 마감한 버지니아 울프나 목마를 타고 떠난 숙녀의 옷자락을 이야기한 것처럼 전후의 상황을 회피하지 않고 담고 있는 것이다.

1955년 3월 5일부터 4월 10일까지 박인환 시인이 30세의 나이에 미국 여행을 다녀온 일은 관심을 끈다. 5월 13일 및 17일 『조선일보』에 「19일간의 아메리카」라는 제목으로 미국 여행을 소개했고, 『선시집』에 총 11편의 시작품을 '아메리카 시초'라는 묶음으로 수록했을 정도로 의미가 큰 것이었다.

> 한국에서 전사한 중위의 어머니는
> 이제 처음 보는 한국 사람이라고 내 손을 잡고
> 시애틀 시가를 구경시킨다.
>
> 많은 사람이 살고
> 많은 사람이 울어야 하는
> 아메리카의 하늘에 흰구름.
> 그것은 무엇을 의미하는가.
>
> ―「어느 날」 부분

위의 작품에서 보듯이 박인환 시인은 미국 여행하는 동안에도 한국전쟁으로 말미암아 황폐화된 조국의 상황을 잊지 못하고 있다. 그리하여 "나는 지금 무엇을 의식하고 있는가?"(「태평양에서」)라고 되돌아보면서 "많은 사람이 울어야 하는" 처지를 껴안는다. 그리고 "서울로 빨리 가고 싶"(「어느 날의 시가 되지 않는 시」)어 하는 것이다.

4.

박인환 시인이 타계한 뒤 신문이나 잡지에 발표된 유고 시는 「뇌호내해(瀨戸內海)」(『문학예술』,1956.4), 「침울한 바다」(『현대문학』,1956.4), 「이국 항구」(『경향신문』,1956.4.7.), 「옛날의 사람들에게」(『한국일보』, 1956.4.7.), 「5월의 바람」(『학원』,1956.5), 「3·1절의 노래」(『아리랑』,1957.4) 등이다. 박인환 시인의 타계 20주기(1976년)에 맏아들 박세형에 의해 『목마와 숙녀』(근역서재)가 간행되었는데, 이 시집에 「거리」 「이 거리는 환영한다」 「어떠한 날까지」 「가을의 유혹」 「세월이 가면」 등이 새롭게 수록되었다. 「세월이 가면」은 대중가요의 노랫말로 널리 알려진 작품으로 『주간희망』(1956. 4. 13) 등에 소개된 적이 있다.

박인환 시인 타계 26주기에는 김경린, 김광균, 김규동, 김영택, 김차영, 박태진, 송지영, 양병식, 이봉구, 이봉래, 이진섭, 이혜복, 장만영, 전봉건, 조병화, 조향 등이 추모 문집 『세월이 가면』(근역서재)을 간행했다. 가난했지만 신의를 중시했고, 품위를 지켰고, 책을 아꼈고, 술을 좋아했고, 호오가 분명했던 박인환 시인의 인간적인 면모를 함께 활동했던 문인들이 들려주었다. 또한 추모 문집에는 부인 이정숙 여사와 이봉구 소설가에게 쓴 13통의 편지가 실려 있는데, 박인환 시인의 다정다감했던 모습도 보여준다.

　박인환 시인은 1946년 12월에 간행된 『국제신보』에 「거리」를 발표하면서 등단했다고 알려져 있다. 그렇지만 필자가 『국제신문』을 찾아가 직접 확인해본 결과 정답처럼 알고 있던 이 사실은 달랐다. 『국제신문』의 전신인 『국제신보』는 1947년 9월 1일 『산업신문』이라는 제호로 창간되었다. 『산업신문』의 창업주인 김형두(金炯斗)는 해방 뒤 창간된 『민주중보』의 발행인 겸 편집국장이었는데, 1946년 10월 폭동사건에 관한 필화 책임으로 사임하고 언론계를 떠났다가 자신의 뜻에 맞는 신문을 간행하려고 『수산신문』을 인수하고 『동아산업신보』를 병합해 『산업신문』을 창간한 것이다. 1950년 8월 19일 제호를 『국제신보』로 바꾸었고, 1977년 6월 1일 『국제신문』으로 다시 변경했다. 『한국 신문 백년』(한국신문연구소, 1975)에 따르면 『국제신문』이 있기는 하다. 1948년 7월 21일 정무묵(鄭武黙)이 『민보(民報)』의 판권을 인쇄해서 발행한 신문이다. 정치적 중립을 표방하며 독자들의 인기를 끌었는데, 1949년 3월 4일 「경북 폭동 사건에 경북지사 가담」 기사로 필화를 입어 같은 해 3월 6일 폐간당했다.[2]

　이와 같은 사실로 볼 때 박인환 시인의 등단 연도는 물론이고 등단 매체, 등단 작품을 제대로 밝히는 연구가 필요하다. 13년 전 필자가 『박인환 전집』을 간행하면서 제기한 이 과제는 아직까지 해결하지 못하고 있다. 조만간 밝힐 것을 약속한다.

　박인환 시인이 1926년 8월 15일 강원도 인제에서 태어나 1956년 3월 20일 31세의 나이로 타계하기까지 남긴 시 작품 수는 총 89편이다. 1편의

2　맹문재, 「모던한 리얼리즘의 작품」, 『박인환 전집』, 실천문학사, 2007, 652쪽.

번역 시도 남겼다. 혼란한 해방기의 정국과 3년 이상 지속된 한국전쟁의 상황을 극복하고 이룬 것으로 대단한 성과라고 평가할 수 있다. 박인환 시인은 해방기의 정치적인 혼란과 한국전쟁의 참상으로 인한 고통에도 좌절하지 않고 역사의식을 견지하고 작품 활동을 했다. 모더니즘 시 운동을 추구하며 새로운 시의 흐름을 이끌면서 자신이 살아가던 시대와 사회를 적극적으로 담아낸 것이다.

■■■ **작품 연보**

■ 박인환 번역 전집(박인환문학관 학술연구총서 1)

시

연번	제목	발표지	발표 시기	비고
1	도시의 여자들을 위한 노래(알렉스 컴퍼트)	시작	1954.7	번역시

기행문

연번	제목	발표지	발표 시기	비고
1	소련의 내막(존 스타인벡)	백조사	1952.5.15	

소설

연번	제목	발표지	발표 시기	비고
1	새벽의 사선(死線)(윌리엄 아이리시)	희망 2-8호	1952.9.1.	
2	우리들은 한 사람이 아니다(제임스 힐턴)	신태양	1954.5	
3	바다의 살인(어니스트 헤밍웨이)			
4	자랑스러운 마음(펄 벅)			
5	백주(白晝)의 악마(애거서 크리스티)	아리랑 2-2호	1956.2.1	
6	이별(월라 캐더)	법문사	1959.10	

■ 박인환 시 전집(박인환문학관 학술연구총서 2)

연번	작품명	발표지	발표연도	비고
1	인천항	신조선	1947.4	
2	남풍	신천지	1947.7	
3	사랑의 Parabola	새한민보	1947.10	
4	나의 생애에 흐르는 시간들	세계일보	1948.1.1	
5	인도네시아 인민에게 주는 시	신천지	1948.2	
6	지하실	민성	1948.3	
7	고리키의 달밤	신시론	1948.4	
8	언덕	자유신문	1948.11.25	동시
9	전원	부인	1948.12	
10	열차	개벽	1949.3	
11	정신의 행방을 찾아	민성	1949.3	
12	1950년의 만가	경향신문	1950.5.16	
13	회상의 긴 계곡	경향신문	1951.6.2	
14	무도회	경향신문	1951.11.20	
15	신호탄	창궁 (공군정훈부)	1952.5	
16	서부전선에서	창궁 (공군정훈부)	1952.5	
17	종말	신경향	1952.6	
18	약속	학우	1952.6	
19	미래의 창부	주간국제	1952.7.15	
20	바닷가의 무덤	재계	1952.9	
21	구름과 장미	학우	1952.9	엄동섭·염철 엮음 『박인환 문학전집 1』 (소명출판) 수록
22	살아 있는 것이 있다면	수험생	1952.11	

연번	작품명	발표지	발표연도	비고
23	도시의 여자들을 위한 노래(알렉스 컴퍼트)	시작	1954.7	번역시
24	봄은 왔노라	신태양	1954.3	
25	미스터 모의 생과 사	현대예술	1954.3	
26	눈을 뜨고도	신천지	1954.3	
27	밤의 미래장	현대예술	1954.6	
28	센티멘털 저니	신태양	1954.7	
29	가을의 유혹	민주경찰	1954.9	
30	행복	동아일보	1955.2.17	
31	봄 이야기	아리랑	1955.4	
32	주말	시작	1955.5	
33	새벽 한 시의 시	한국일보	1955.5.14	
34	충혈된 눈동자	한국일보	1955.5.14	
35	여행	희망	1955.7	
36	태평양에서	희망	1955.7	
37	어느 날	희망	1955.7	
38	수부들	아리랑	1955.8	
39	에버렛의 일요일	아리랑	1955.8	
40	15일간	신태양	1955.10	
41	목마와 숙녀	시작	1955.10	
42	세 사람의 가족	선시집	1955.10	
43	최후의 회화	선시집	1955.10	
44	낙하	선시집	1955.10	
45	영원한 일요일	선시집	1955.10	
46	자본가에게	선시집	1955.10	
47	일곱 개의 층계	선시집	1955.10	
48	기적인 현대	선시집	1955.10	
49	불행한 신(神)	선시집	1955.10	

연번	작품명	발표지	발표연도	비고
50	검은 신(神)이여	선시집	1955.10	
51	밤의 노래	선시집	1955.10	
52	벽	선시집	1955.10	
53	불신의 사람	선시집	1955.10	
54	서적과 풍경	선시집	1955.10	
55	1953년의 여자에게	선시집	1955.10	
56	의혹의 기(旗)	선시집	1955.10	
57	문제되는 것	선시집	1955.10	
58	다리 위의 사람	선시집	1955.10	
59	어린 딸에게	선시집	1955.10	
60	한 줄기 눈물도 없이	선시집	1955.10	
61	잠을 이루지 못하는 밤	선시집	1955.10	
62	검은 강	선시집	1955.10	
63	고향에 가서	선시집	1955.10	
64	부드러운 목소리로 이야기할 때	선시집	1955.10	
65	새로운 결의를 위하여	선시집	1955.10	
66	식물	선시집	1955.10	
67	서정가(抒情歌)	선시집	1955.10	
68	식민항의 밤	선시집	1955.10	
69	장미의 온도	선시집	1955.10	
70	불행한 샹송	선시집	1955.10	
71	구름	선시집	1955.10	
72	어느 날의 시가 되지 않는 시	아리랑	1955.11	
73	투명한 버라이어티	현대문학	1955.11	
74	무희가 온다 하지만	지방행성	1955.11	
75	하늘 아래서	코메트	1956.1	
76	대하(大河)	국도신문	1956.1.29	
77	환영의 사람	민주경찰	1956.2	

연번	작품명	발표지	발표연도	비고
78	봄의 바람 속에	민주신보	1956.3.9.	엄동섭·염철 편, 『박인환 문학전집 1』 (소명출판) 수록
79	인제	조선일보	1956.3.11	
80	죽은 아폴론	한국일보	1956.3.17	
81	뇌호내해	문학예술	1956.4	
82	침울한 바다	현대문학	1956.4	
83	이국 항구	경향신문	1956.4.7	
84	옛날의 사람들에게	한국일보	1956.4.7	
85	세월이 가면	주간희망	1956.4.13	
86	5월의 바람	학원	1956.5	
87	3·1절의 노래	아리랑	1957.4	
88	거리	목마와 숙녀	1976	
89	이 거리는 환영한다	목마와 숙녀	1976	
90	어떠한 날까지	목마와 숙녀	1976	

■ 박인환 영화평론 전집(박인환문학관 학술연구총서 3)

연번	제목	발표지	발표 시기	비고
1	아메리카 영화 시론	신천지(3권 1호)	1948.1.1	
2	아메리카 영화에 대하여	신천지(3권 1호)	1948.1.1	
3	전후(戰後) 미·영의 인기 배우들	민성(5권 11호)	1949.11.1	
4	미·영·불에 있어 영화화된 문예 작품	민성(6권 2호)	1950.2.1	
5	로렌 바콜에게	신경향(2권 6호)	1950.6.1	
6	그들은 왜 밀항하였나?	재계(창간호)	1952.9.1	

7	자기 상실의 세대 – 영화 〈젊은이의 양지〉에 관하여	경향신문	1953.11.29	
8	〈종착역〉 감상 – '데시카'와 '셀즈닉'의 영화	조선일보	1953.12.19	
9	〈제니의 초상〉 감상	태양신문	1954.1.9	
10	로버트 네이선과 W. 디터리 영화 〈제니의 초상〉의 원작자와 감독	영화계(창간호)	1954.2.1	
11	1953 각계에 비친 Best Five는?	영화계(창간호)	1954.2.1	
12	한국 영화의 현재와 장래 – 무세(無稅)를 계기로 한 인상적인 전망	신천지(9권 5호)	1954.4.1	
13	한국 영화의 전환기 – 영화 〈코리아〉를 계기로 하여	경향신문	1954.5.2	
14	앙케트	신태양(3권 4호)	1954.8.1	
15	영국 영화	현대여성 (2권 7호)	1954.8.1	
16	몰상식한 고증 –〈한국동란의 고아〉	한국일보	1954.9.6	
17	물랭루주	신영화(창간호)	1954.11.1	
18	존 휴스턴	신영화(2호)	1954.12.1	
19	〈심야의 탈주〉	신영화(2호)	1954.12.1	
20	〈쵐피인(CHAMPION)〉	영화세계 (창간호)	1954.12.1	
21	일상생활과 오락 – 최근의 외국 영화를 중심으로	중앙일보	1954.12.12	
22	인상에 남는 외국 영화〈심야의 탈주〉를 비롯하여	연합신문	1954.12.23	
23	100여 편 상영 그러나 10여 편만이 볼만	중앙일보	1954.12.19	
24	영화의 사회의식과 저항 – M. 카르네의 감독 정신을 중심으로	평화신문	1955.1.16	
25	외화(外畵) 본수(本數)를 제한 – '영화심위(映畵審委)' 설치의 모순성	경향신문	1955.1.23	
26	최근의 외국 영화 수준	영화세계(4호)	1955.3.1	
27	최근의 국내외 영화	코메트(13호)	1955.4.20	

28	1954년도 외국 영화 베스트 텐	신태양(4권 6호)	1955.6.1	
29	영화예술의 극치-시네마스코프 영화를 보고	평화신문	1955.6.28	
30	악화(惡畵)는 아편이다	중앙일보	1955.7.12	
31	시네마스코프의 문제	조선일보	1955.7.24	
32	문화 10년의 성찰-예술적인 특징과 발전의 양상	평화신문	1955.8.13/14	
33	〈피아골〉의 문제-모순 가득 찬 내용과 표현	평화신문	1955.8.25/26	
34	산고 중의 한국 영화들-〈춘향전〉의 영향	신태양(4권 9호)	1955.9.1	
35	회상의 명화선(名畵選)-〈철로의 백장미〉〈서부전선 이상 없다〉〈밀회〉	아리랑(8호)	1955.9.1	
36	서구와 미국 영화-〈로마의 휴일〉〈마지막 본 파리〉를 주제로	조선일보	1955.10.9/10	
37	내가 마지막 본 파리- 어째서 우리를 감명케 하는 것일까	평화신문	1955.10.17	
38	예술로서의 시네스코-〈스타 탄생〉과 〈7인의 신부〉	중앙일보	1955.10.25	
39	영화 감상을 위한 상식	희망(5권 11호)	1955.11.1	
40	회상의 그레타 가르보-세계를 매혹케 한 그의 영화적 가치	평화신문	1955.11.27	
41	비스타 비전	주간희망(창간호)	1955.12.26	
42	금룡상(金龍賞)을 제정	주간희망(2호)	1956.1.2	
43	영화 법안	주간희망(3호)	1956.1.9	
44	영화 구성의 기초	주간희망(4호)	1956.1.16	
45	몽타주	주간희망(5호)	1956.1.23	
46	아메리카의 영화 잡지	주간희망(6호)	1956.1.30	
47	시나리오 ABC	주간희망(8호)	1956.2.13	
48	다큐멘터리영화	주간희망(11호)	1956.3.5	
49	세계의 영화상	주간희망(12호)	1956.3.12	
50	옴니버스영화	주간희망(13호)	1956.3.19	

51	1955년도의 총결산과 신년의 전망	영화세계(7호)	1956.1.1	엄동섭 외 『박인환 문학전집 2』(소명출판) 수록
52	현대 영화의 감각 – 착잡한 사고와 심리 묘사를 중심하여	국제신보	1956.1.27	
53	회상의 명화선(名畵選) – 〈선라이즈〉 〈어느 날 밤에 생긴 일〉 〈자전거 도둑〉	아리랑(2권 3호)	1956.3.1	
54	한국 영화의 신구상 – 영화 전반에 걸친 대담	영화세계	1956.3.1	
55	〈격노한 바다〉	향학	1956.4.1	
56	이태리 영화와 여배우	여원(2권 6호)	1956.6.1	
57	J.L. 맨키위츠의 예술 – 〈맨발의 백작 부인〉을 주제로	예술세계(2호)	1956.6.1	
58	회상의 명화 – 〈백설 공주〉 〈정부(情婦) 마농〉	아리랑(2권 7호)	1956.7.1	
59	절박한 인간의 매력	세월이 가면	1982.1.15	근역서재 간행

■ 박인환 평론 전집(박인환문학관 학술연구총서 4)

문학

연번	제목	발표지	발표 시기	비고
1	시단 시평	신시론(1집)	1948.4.20	
2	『신시론』 1집 후기	신시론(1집)	1948.4.20	
3	김기림 시집 『새노래평』	조선일보	1948.7.22	
4	사르트르의 실존주의	신천지(3권 9호)	1948.10.1	
5	김기림 장시 『기상도 전망』	신세대(4권 1호)	1949.1.25	엄동섭 외 『박인환 문학전집 2』(소명출판) 수록
6	장미의 온도	새로운 도시와 시민들의 합창	1949.4.5	

7	조병화 시집 『버리고 싶은 유산』	조선일보	1949.9.27	
8	전쟁에 참가한 시인	평화신문(1951.3.26)	1951.3.26	
9	현대시의 불행한 단면	주간국제 9호	1952.6.16	
10	조병화의 시	주간국제 13호	1952.9.27	
11	S.스펜더 별견(瞥見)	국제신보	1953.1.30~31	
12	이상(李箱) 유고(遺稿)	경향신문	1953.11.22	엄동섭 외 『박인환 문학전집 2』(소명출판) 수록
13	현대시의 본길	시작(2집)	1954.7.30	
14	버지니아 울프 인물과 작품	여성계(3권 11호)	1954.11.1	
15	그레이엄 그린 작(作) 『사건의 핵심』	민주경찰(44호)	1954.11.15	
16	1954년의 한국 시	시작(3집)	1954.11.20	
17	현대시의 변모	신태양(3권 2호)	1955.2.1	
18	고전 『홍루몽의 수난』	자유신문	1955.3.18~20	
19	학생 현상 문예 작품 선후감	신태양 4권 8호	1955.8.1	
20	『선시집』 후기	선시집	1955.10.15	
21	시에 대한 몇 가지 생각	조선일보	1955.11.28~30	
22	해외 문학의 새 동향	평화신문	1954.2.15/2.22	
23	『작업하는 시인들』	평화신문	1955.1.23	
24	위대한 예술가의 도정	평화신문	1955.10.30	
25	스코비의 자살	세월이 가면	1982.1.15	근역서재 간행

연극 · 영화 · 미술 · 사진 · 문화 · 국제 정치 · 사회 · 여성

연번	제목	발표지	발표 시기	비고
26	황금아(黃金兒, Golden-Boy)	경향신문	1952.4.21	연극
27	'신협(新協)' 잡감(雜感)	경향신문	1952.8.3	연극

28	현대인을 위한 연극	평화신문	1955.8.2	연극
29	테네시 윌리엄스 잡기	한국일보	1955.8.24	연극
30	시네마스코프란 무엇이냐	형정(刑政)(22호)	1955.10.20	영화
31	정종여 동양화 개인전을 보고	자유신문	1948.12.12	미술
32	보도 사진 잡고	민성(4권 11호)	1948.11.20	사진
33	나의 문화적 잡기	연합신문	1953.5.25	문화
34	자유에서의 생존권	수도평론(3호)	1953.8.1	국제정치
35	직언춘추(直言春秋)	신태양(5권 4호)	1956.4.1.	사회
36	여성에게	경향신문	1954.1.8	여성
37	여자여! 거짓말을 없애라!	여성계(3권 4호)	1954.4.1	여성
38	남성이 본 현대 여성	여성계(3권 6호)	1954.6.1	여성

기사

연번	제목	발표지	발표 시기	비고
39	38선 현지 시찰 보고	자유신문	1949.4.26~28	
40	서울 돌입!	경향신문	1951.2.13	
41	과감 6185부대 침착, 여유 있는 진공(進攻)	경향신문	1951.2.13	
42	지하호에 숨은 노유(老幼) 하루 바삐 국군의 입성만을 고대	경향신문	1951.2.13	
43	'콩가루 자루' 메고 식량이라면 모조리 탈취	경향신문	1951.2.13	
44	1월 말 현재 서울의 물가 소두(小斗) 한 말에 2만 3천원(圓)	경향신문	1951.2.13	
45	도로 연변은 거의 파괴상(破相) 노량진 근방 산 밑은 약간의 피해	경향신문	1951.2.13	
46	서울 탈환 명령을 고대(苦待)	경향신문	1951.2.18	
47	혁혁한 전과 6185부대 용전(勇戰)	경향신문	1951.2.18	
48	아군 진격 뒤이어	경향신문	1951.2.18	

49	칠흑의 강물 건너 우렁찬 대적(對敵) 육성의 전파	경향신문	1951.2.18	
50	극도로 시달리는 식량난 주민은 거의 기아 상태	경향신문	1951.2.18	
51	피아 영등포 한남동 간 대치	경향신문	1951.2.20	
52	짓밟힌 '민족 마음의 고향 서울' 수도 재탈환에 총궐기하자!	경향신문	1951.2.20	
53	의복과 총을 바꾼 오랑캐	경향신문	1951.2.20	
54	영등포 노량진은 불변	경향신문	1951.2.20	
55	중공군 서울 퇴각? 괴뢰군만 최후 발악	경향신문	1951.2.21	
56	장비 없이 출전한 오랑캐 '수류탄에 볶은 쌀가루뿐'	경향신문	1951.2.21	
57	산·산·산	경향신문	1951.11.21	
58	거창사건 수(遂) 언도!	경향신문	1951.12.18	
59	병기창 방화범 일당 8명	경향신문	1952.1.3	
60	예년에 없는 한해(旱害) 송피(松皮)나 먹도록 해주오	경향신문	1952.1.6	
61	한국을 정확히 보라	연합신문	1956.3.22	

■ 박인환 산문 전집(박인환문학관 학술연구총서 5)

번호	작품 명	발표지	발표 연도	비고
1	고 변 군	경기공립중학교 학우회지	1940. 6. 20	엄동섭·염철 엮음, 『박인환 문학전집 2』(소명출판) 수록
2	여성미의 본질-코	부인(제4권 3호)	1949. 4. 30	
3	실연기(失戀記)	청춘(창간호)	1951. 8. 1	엄동섭·염철 엮음, 『박인환 문학전집 2』(소명출판) 수록
4	제야유감(除夜有感)	신태양(제16호)	1953. 12. 1	
5	현대 여성에 관한 각서	여성계(제3권 3호)	1954. 3. 1	

6	원시림에 새소리, 금강(金剛)은 국토의 자랑	신태양(제3권 4호)	1954. 4. 1	
7	천필(泉筆)	민주경찰(제41호)	1954. 7. 15	
8	즐겁지 않은 계절	서울신문	1955. 5. 29	
9	낙엽 일기	중앙일보	155. 7. 12	
10	크리스마스와 여자	신태양(제4권 12호)	1955. 12. 1	
11	미담이 있는 사회	가정(창간호)	1954. 12. 24	
12	꿈같이 지낸 신생활(新生活)	여성계(제4권 10호)	1955 10. 1	
13	환경에서 유혹	여원(2권 2호)	1956. 2. 1	
14	사랑은 죽음의 날개와 함께	사랑의 편지 (태문당)	1963. 11. 15	최영 편
15	불안과 희망 사이	52인 시집 (신구문화사)	1967. 1. 30	
16	서울 재탈환	사정보(司正報) (제14호)	1951. 4. 9	
17	서울역에서 남대문까지	신태양(제권 4호)	1952. 11. 1	
18	암흑과 더불어 3개월	여성계(제3권 6호)	1954. 6. 1	
19	밤이나 낮이나	사정보(제26호)	1951. 9. 10	
20	밴 플리트 장군과 시	세월이 가면 (근역서재)	1982. 1. 15	
21	19일간의 아메리카	조선일보	1955. 5. 13 · 17	
22	서북 미주의 항구를 돌아	희망(제5권 7호)	1955. 7. 1	
23	미국에 사는 한국 이민	아리랑(제11호)	1955. 12. 1	
24	몇 가지의 노트	세계의 인상 (진문사)	1956. 5. 20	
25	이정숙에게	세월이 가면 (근역서재)	1982. 1. 15	
26	사랑하는 아내에게	세월이 가면 (근역서재)	1982. 1. 15	
27	사랑하는 나의 정숙이에게	세월이 가면 (근역서재)	1982. 1. 15	
28	정숙, 사랑하는 아내에게	세월이 가면 (근역서재)	1982. 1. 15	

29	정숙이	세월이 가면 (근역서재)	1982. 1. 15	
30	정숙이	세월이 가면 (근역서재)	1982. 1. 15	
31	무제	세월이 가면 (근역서재)	1982. 1. 15	
32	정숙이	세월이 가면 (근역서재)	1982. 1. 15	
33	정숙이	세월이 가면 (근역서재)	1982. 1. 15	
34	무제	세월이 가면 근역서재	1982. 1. 15	
35	무제	세월이 가면 (근역서재)	1982. 1. 15	
36	봉구 형	세월이 가면 (근역서재)	1982. 1. 51	
37	봉구 학형	세월이 가면 (근역서재)	1982. 1. 15	
38	칭기즈 칸(成吉思汗)	야담(제5호)	1955. 11. 1	
39	설문 : 남북 요인 회담 요청이 일부에서는 농숙(濃熟)한 모양인데, 이에 대한 기대는 어떠하십니까?	새한민보(제14호)	1947. 11. 15	엄동섭·염철 엮음, 『박인환 문학전집 2』(소명출판) 수록
40	설문 : 5월 달에 당신은?	여성계 (제3권 5호)	1954. 5. 1	
41	설문	국제보도(33호)	1954. 5. 25	엄동섭·염철 엮음, 『박인환 문학전집 2』(소명출판) 수록
42	가을밤 거리에서(시)	국민일보	1948. 10. 25	엄동섭·염철 엮음, 『박인환 문학전집 2』(소명출판) 수록
43	書籍と風景(시)	시학	1952. 5. 30	엄동섭·염철 엮음, 『박인환 문학전집 2』(소명출판) 수록

박인환 연보

1926년(1세) 8월 15일 강원도 인제군 인제면 상동리 159번지에서 아버지 박광선(朴光善)과 어머니 함숙형(咸淑亨) 사이에서 2남 1녀 중 맏이로 태어나다. 강원도 간성 출신인 어머니가 1902년생으로 1904년생인 아버지보다 두 살 많음. 대대로 물려받은 토지가 있어 집안 형편은 여유로웠음. 할아버지는 박태용(朴泰容), 할머니는 이용(李容). 본관은 밀양(密陽). 어머니는 1972년, 아버지는 1984년 미국에서 작고함. 박인환의 여동생 박경환(朴京煥)은 1937년생으로 서울시립교향악단 상임 지휘자와 중앙대 음대 교수를 지낸 정재동(鄭載東)의 부인. 남동생 박신일(朴信一)은 1940년생으로 서울대 영문과를 졸업한 뒤 해외공보관 관장과 보스톤 총영사 지냄.

1933년(8세) 인제공립보통학교에 입학하다.

1936년(11세) 서울로 올라오다. 서울시 종로구 내수동에서 거주하다가 종로구 원서동 134번지로 이사하다. 덕수공립보통학교 4학년에 편입하다. 아버지는 복덕방 등을 운영했고, 작은이모부 이성재(李聖宰)는 덕수공립보통학교 교사.

1939년(14세) 3월 18일 덕수공립보통학교 졸업하다. 4월 2일 5년제 경기공립중학교에 입학해 1학년 1반에 편성되다. 영화, 문학 등에 심취하다.

1940년(15세) 종로구 원서동 215번지로 이사하다. 2학년 2반에 편성되다.

1941년(16세)	2학년을 마치고 3월 31일 경기공립중학교 자퇴하다. 3월 31일 개성에 있는 송도(松都)중학교로 전학하다. 장남 세형의 증언에 따르면 이후 황해도 재령에 있는 명신중학교로 전학해 졸업하다.
1944년(19세)	관립 평양의학전문학교(3년제)에 입학하다. 일제강점기 당시 의과, 이공과, 농수산과 전공자들은 징병에서 제외되는 상황.
1945년(20세)	8·15광복으로 학교를 그만두고 상경하다. 아버지를 설득하여 3만 원을, 작은이모에게 2만 원을 얻어 종로3가 2번지 낙원동 입구, 작은이모부의 지물포가 있던 자리에 서점 마리서사(茉莉書舍)를 개업하다. 초현실주의 화가 박일영(朴一英)의 도움으로 세련된 분위기를 만들어 많은 문인과 교류하는 장소가 되다. 서적 총판매소로도 이용되다.
1946년(21세)	6월 20일 조선청년문학가협회 시부(詩部)가 주최한 '예술의 밤'에 참가해 시 「단층(斷層)」을 낭독하다.
1947년(22세)	5월 10일 발생한 배인철 시인 총격 사망 사건과 관련하여 중부경찰서에서 조사를 받다. 김수영 시인 부인인 김현경 여사의 증언도 있음. 초겨울 1살 연하인(1927년 7월 31일) 이정숙(李丁淑)과 약혼하다.
1948년(23세)	입춘을 전후하여 마리서사 폐업하다. 4월 20일 김경린(金璟麟), 김경희(金景熹), 김병욱(金秉旭), 임호권(林虎權)과 동인지 『신시론(新詩論)』(산호장) 제1집을 발간하다. 박인환은 시작품 「고리키의 달밤」과 평론 「시단시평」을 발표하다. 4월 덕수궁 석조전에서 이정숙과 결혼하다. 이정숙의 아버지 이연용(李淵鎔)은 동일은행 광화문 지점장, 어머니는 윤정옥(尹貞鈺). 박인환은 결혼한 뒤 본가에서 1주일 정도 살림하다가 종로구 세종로 135번지(현 교보빌딩 뒤)의 처가로 옮기다. 가을 무렵 『자유신문』 문화부 기자로 취직하다. 11월 25일 동시 「언덕」을 『자유신문』에 발표하다. 12월 8일 장남 세형(世馨) 태어나다. 세형은 연세

대 국문학과를 졸업한 뒤 현대건설 등에서 근무했고, 세 딸(미혜, 미현, 미배)을 둠.

1949년(24세)　4월 5일 김경린, 김수영(金洙暎), 양병식(梁秉植), 임호권과 동인 시집 『새로운 도시와 시민들의 합창』(도시문화사) 발간하다. 박인환은 시작품 「열차」 「지하실」 「인천항」 「남풍」 「인도네시아 인민에게 주는 시」를 발표하다. 4월 26일부터 28일까지 『자유신문』에 「삼팔선 현지 시찰 보고」를 3회 게재하다. 6월 7일 제4회 전국중등학교 야구 선수권대회 임원이 되다. 7월 16일 국가보안법 위반 혐의로 내무부 치안국에 체포되었다가 8월 4일 이후 석방되다. 여름 무렵부터 김경린, 김규동(金奎東), 김차영(金次榮), 이봉래(李奉來), 조향(趙鄕) 등과 '후반기(後半紀)' 동인 결성을 논의하다. 9월 30일 임호권, 박영준(朴榮濬), 이봉구(李鳳九)와 함께 조선문학가동맹 등을 탈퇴하는 성명서를 발표하다. 11월 30일 박인환 개인 성명서를 발표하다. 12월 17일 한국문학가협회(전국문학가협회 문학부와 한국청년문학가협회를 중심으로 일반 무소속 작가와 전향 문학인 포함) 결성식에 추천위원으로 참여하다.

1950년(25세)　1월 8일부터 10일까지 보도연맹에서 주최한 '국민예술제전'에 참가해 시 낭독하다. 봄 무렵 자유신문사를 퇴사하고 경향신문사에 입사하다. 김경린, 김수영, 이상로(李相魯), 이한직(李漢稷), 임호권, 조향 등과 동인지 『후반기』 창간호를 5월에 간행하려고 준비하다. 6월 25일 한국전쟁이 일어나 피란을 가지 못하고 김광주, 이봉구, 김경린, 김광균 등과 만나며 숨어 지내다. 8월 말 친구 세 사람과 부신으로 피신하다가 잡혀 서울로 돌아와 9·28수복을 맞다. 9월 25일 딸 세화(世華) 태어나다. 세화는 서강대 영문과를 졸업한 뒤 덴마크 대사관에 근무함.

1951년(26세)　1·4후퇴로 대구로 내려가다. 2월 경향신문사 특파원으로 민재원, 박성환 등과 육군 6185부대의 서울 재탈환 작전에 종군하며 「서울 돌입!」 등 많은 기사를 쓰다. 5월 26일 대구 아담다방에서 결성된 '육군종군작가단'에 박영준, 정비석, 조영암, 최태응 등과 함께 참여하다. 10월 경향신문사 본사가 부산으로 내려가자 함께 이주하다. 대구를 오가며 「거창사건 수(遂) 언도!」 등의 기사를 쓰다. 부산에서는 처삼촌 이순용(李淳鎔)의 도움을 많이 받다. 이순용은 내무부 장관(1951. 5~1952. 1), 체신부 장관(1952. 1~1952. 3), 대한해운공사 사장(1952. 5~1953. 5)을 지냈고, 1953년부터 1956년까지 외자구매처장, 임시외자관리청장, 외자청장 등을 역임했다.

1952년(27세) 2월 21일 소설가 김광주가 구타당한 사건에 대한 재구(在邱) 문화인 성명서에 참여하다. 3월 5일 강세균이 엮은 『애국시 33인집』(대한군사원호문화사)에 「최후의 회화」 발표하다. 5월 15일 존 스타인벡의 기행서 『소련의 내막』(백조사)을 번역해서 간행하다. 5월 이상로가 엮은 『창궁』(공군본부정훈감실)에 시 「서부전선에서」와 「신호탄」을 발표하다. 5월 30일 일본의 시 전문지 『시학』 제7권 5호에 시 「書籍と風景」을 발표하다. 이 무렵 경향신문사를 퇴사하고 대동신문사 문화부장으로 입사하다. 6월 16일 『주간국제』 제9호의 '후반기 동인 문예' 특집에 평론 「현대시의 불행한 단면」을 발표하다. 6월 28일 김광섭이 주도한 자유예술인연합에 가입하다. 7월 하순 부산극장에서 열린 반공통일연맹 창립 1주년 기념대회에 참가해 시 낭송하다. 11월 5일 조향이 엮은 『현대 국문학 수(粹)』(자유장)에 시 「열차」「자본가에게」 등을 발표하다. 12월 이순용이 사장으로 있는 대한해운공사에 입사하다. 12월 31일 이한직이 엮은 『한국시집』 상권(대양출판사)에 시 「세 사람의 가족」「검은 신이여」「회상의 긴 계곡」을 발표하다.

1953년(28세)	4월 15~16일 시인의 집 주최로 열린 '제2회 시의 밤'(부산의 이화대학교 강당)에 참가해 시 낭송하다. 5월 31일 차남 세곤(世崑) 태어나다. 세곤은 서울대 불문과를 졸업한 뒤 경원대 교수가 됨. 여름 무렵 '후반기' 동인 해체되다. 7월 중순 무렵 서울 집으로 돌아오다. 7월 27일 한국전쟁 휴전 협정 체결하다. 11월 22일 이상의 유고시「이유 이전(理由 以前)」을 발굴해『서울신문』에 게재하다.
1954년(29세)	1월 31일 한국영화평론가협회 제2회 정기총회에서 상임 간사를 맡다. 오종식(회장), 유두연, 이봉래, 허백년, 김소동 등이 회원. 2월 5일 김용호와 이설주가 엮은『현대시인선집』하권(문성당)에 시「최후의 회화」「부드러운 목소리로 이야기할 때」를 발표하다. 5월 이후 시집『검은 준열의 시대』(동문사)를 간행하려고 시도하다. 7월 30일 고원 시인이 주재한 계간지『시작』제2집에 번역 시「도시의 여자들을 위한 노래」와 평론「현대시와 본질 – 병화의 인간 고도」를 발표하다.
1955년(30세)	1월 11일 현대문학연구회 동인 및『현대문학』제1집 간행에 참가하다. 1월 18일부터 1월 27일까지 열린〈이중섭 작품전〉(미도파화랑)을 관람하다. 3월 5일 대한해운공사의 상선 남해호를 타고 미국 여행을 하기 위해 부산항을 출발하다. 작은이모부 이성재가 여행 경비를 도와주다. 3월 5일 저녁 8시경 시모노세키, 6일 새벽 5시경 세토나이카이(瀨戶內海)를 거쳐 오전 11시경 일본 고베항에 입항하다. 4일간 고베, 오사카, 교토 등을 여행하다. 3월 9일 밤 고베항을 출발해 3월 22일 오전 미국 워싱턴주 올림피아항에 입항하다. 상륙 수속 문제로 23일 하선하다. 올림피아, 터코마, 시애틀, 에버렛, 아나코테스, 포트앤젤레스, 포틀랜드 등을 여행하다. 4월 10일경 미국을 떠나 4월 말경 아내의 선물, 결혼 10주년 행사에 사용할 물품, 아이들 장난감 등을

들고 귀국하다. 5월 20일에 발간된 『시작』 4집부터 편집위원이 되다. 5월 13일부터 17일까지 『조선일보』에 미국 여행기 『19일간의 아메리카』를 발표하다. 이 무렵 대한해운공사 퇴사하다. 6월 20일 유치환과 이설주가 엮은 『1954 연간시집』(문성당)에 시 「눈을 뜨고도」 「목마와 숙녀」 「센티멘털 저니」를 발표하다. 6월 25일 김종문이 엮은 『전시문학선 시편』(국방정훈국)에 시 「행복」 「검은 신이여」 발표하다. 7월 16일 한국자유문학자협회 문총 중앙위원으로 선출되다. 8월 26일부터 31일까지 극단 신협 제38회 공연 작품인 『욕망이라는 이름의 전차』를 번역하다. 10월 1일에 간행된 『시작』 5집에 시 「목마와 숙녀」를 발표한 뒤 10월 9일 시작사 주최 제1회 시 낭독회에 참가해 낭독하다. 10월 15일 시집 『선시집』(산호장)을 간행하다. 실제는 '시작사'에서 간행한 것으로 유추된다. 김규동 시인의 증언에 따르면 제본소의 화재로 소실되다. 11월 13일 동방문화회관 강당에서 열린 김규동의 시집 『나비와 광장』(산호장) 출판기념회에 참석해 시 낭독하다. 12월 28일 제1회 금룡상 심사에 심사위원으로 참여하다.

1956년(31세)　1월 초 『선시집』(산호장)을 다시 간행하다. 1월 16일 『선시집』에 대한 부완혁의 서평 「강인성과 긍지」가 『한국일보』에 발표되다. 1월 20일 이봉래의 서평 「박인환 저 선시집」이 『동아일보』에 발표되다. 1월 22일 홍효민의 서평 「젊은 세대의 심금」이 『조선일보』에 발표되다. 1월 23일 조병화의 서평 「장미의 온도— 박인환 선시집」이 『경향신문』에 발표되다. 1월 27일 『선시집』 출판기념회를 동방문화회관에서 갖다. 1월 28일 한국자유문학자협회에서 개최한 회원 합동 출판기념회에 참석하다. 2월 6일 『선시집』에 대한 김광주의 서평 「건방진 '멋' — 박인환 선시집에 부치는 글」이 『주간희망』(제26호)에 발표되다. 2월 21

일 제3회 자유문학상 최종 후보에 오르다. 3월 초 시 「세월이 가면」이 이진섭 작곡으로 널리 불리다. 3월 17일 '이상 추모의 밤'을 열고, 추모 시 「죽은 아포롱 – 이상 그가 떠난 날에」를 『한국일보』에 발표하다. 3월 20일 아침 아픈 딸 세화를 데리고 병원에 갔다 오다. 오후 9시 자택에서 심장마비로 타계하다. 3월 22일 망우리 공동묘지에 안장되다. 4월 7일 '해방 후 물고(物故) 작가 추념제'가 열리다. 5월 20일 조풍연이 엮은 『세계의 인상』(진문사)에 수필 「몇 가지 노트」가 수록되다. 9월 19일(추석) 문우들의 정성으로 망우리 묘소에 시비 세워지다.

1959년(3주기)	10월 10일 윌러 캐더의 장편소설 『이별』(법문사) 번역되어 간행되다.
1976년(20주기)	3월 10일 맏아들 박세형에 의해 시집 『목마와 숙녀』(근역서재) 간행되다.
1982년(26주기)	1월 15일 김경린, 김광균, 김규동, 김영택, 김차영, 박태진, 송지영, 양병식, 이봉구, 이봉래, 이진섭, 이혜복, 조 향, 장만영, 전봉건, 조병화 등에 의해 추모 문집 『세월이 가면』(근역서재) 간행되다.
1986년(30주기)	5월 22일 『박인환 전집』(문학세계사) 간행되다.
2000년(44주기)	인제군청과 인제군에서 활동하는 내린문학회 및 시전문지 『시현실』 공동주관으로 '박인환문학상' 제정되다.
2006년(50주기)	8월 20일 문승묵 엮음 『사랑은 가고 과거는 남는 것 – 박인환 전집』(예옥) 간행되다. 10월 9일 맹문재 엮음 『박인환 깊이 읽기』(서정시학) 간행되다.
2008년(52주기)	3월 15일 맹문재 엮음 『박인환 전집』(실천문학사) 간행되다.
2011년(53주기)	11월 28일 강원희 『그 사람 이름 박인환』(한울) 간행되다.
2012년(56주기)	강원도 인제군에 박인환문학관 개관되다.
2014년(58주기)	7월 25일 이정숙 여사 별세하다.

2019년(63주기) 9월 30일 맹문재 엮음 『박인환 번역 전집』(푸른사상) 간행되다.

2020년(64주기) 인제군, (재)인제군문화재단, 박인환시인기념사업추진위원회, 경향신문 공동주관으로 '박인환상'(시 부문, 학술 부문) 제정되다. 8월 31일 맹문재 엮음 『박인환 시 전집』(푸른사상) 간행되다.

2021년(65주기) 8월 10일 박인환의 『선시집』(푸른사상) 복각본 간행되다. 9월 30일 박인환의 『선시집』(푸른생각) 영어 번역본(여국현 번역) 간행되다. 9월 30일 맹문재 엮음 『박인환 영화평론 전집』(푸른사상) 간행되다.

2022년(66주기) 9월 30일 맹문재 엮음 『박인환 평론 전집』(푸른사상) 간행되다.

2023년(67주기) 9월 10일 맹문재 엮음 『박인환 산문 전집』(푸른사상) 간행되다.

부록

박인환의 전기 시작품에 나타난 동아시아 인식 고찰

맹문재

1. 서론

　박인환은 1946년 무렵 시단에 나온 뒤 한국전쟁이 발발하기 전까지 등단작을 포함하여 총 13편의 시를 남겼다.[1] 해방 후의 경험을 담고 있는 이 시기의 시들은 한국전쟁을 겪고 난 뒤 발표한 것들과는 상당한 차이를 보인다. 한국전쟁을 경험한 작품들은 개인의 존엄성이 여지없이 무너진 상실감과 허무감을 나타내었는 데 비해 해방을 경험한 시들은 민족 국가의 건설을 열정적으로 추구한 것이다. 따라서 한국전쟁 이후의 시편들에서

1　(1)「인천항」(『신조선』, 1947. 4). (2)「남풍」(『신천지』, 1947. 7). (3)「사랑의 Parabola」(『새한민보』, 1947. 10). (4)「나의 생애에 흐르는 시간들」(『세계일보』, 1948. 1. 1). (5)「인도네시아 인민에게 주는 시」(『신천지』, 1948. 2). (6)「지하실」(『민성』, 1948. 3). (7)「고리키의 달밤」(『신시론』, 1948. 4). (8)「언덕」(『자유신문』, 1948. 11. 25). (9)「전원시초」(『부인』, 1948. 12. 15). (10)「열차」(『개벽』, 1949. 3). (11)「정신의 행방을 찾아」(『민성』, 1949. 3). (12)「1950년의 만가」(『경향신문』, 1950. 5. 16).

는 전망의 부재를 표명했다면 해방 후의 시편들에서는 전망을 추구했다고 볼 수 있다. 박인환의 전기 시작품에 나타난 동아시아[2] 인식은 이러한 차원에서 주목된다.

지금까지 박인환의 시세계에 대한 문학사적 평가는 모더니즘의 계보를 잇는 것으로 되어 있다. 그렇지만 정답처럼 인정되고 있는 그의 시세계에 대한 평가는 재고되어야 한다. 단적으로 말해서 박인환의 시세계는 새로운 시 형식을 통해 현실을 강하게 반영했다고 볼 수 있다.[3] 새로운 형식을 추구했다고 해서 그것 자체가 모더니즘 시가 되는 것은 아니고 충분조건일 뿐이다. 이 문제가 중요한 것은 그의 시세계가 모더니즘으로 규명된 결과 곧 현실인식이 없다고 평가되어 왔기 때문이다. 한국의 경우 모더니즘을 어떤 시기의 문학운동이나 사조로 보기보다는 '리얼리즘'과 대립되는 개념으로 간주하는 경향이 강하기 때문에 박인환에게도 그대로 적용된 것이다. 그것이 1960년대 이후 참여시의 기수로 평가되어온 김수영의 발언에 의해 시작되었다는 점은 시사되는 바가 크다.[4]

그렇다면 박인환이 추구한 현실인식이란 어떤 것일까? 그것은 해방과 한국전쟁이 진행된 시대 상황에 대한 인식이었다. 이런 차원에서 보면 해방기나 한국전쟁 후의 상황을 담은 그의 시들이 내용상으로는 다소 차이가 있지만, 관점은 같다고 볼 수 있다. 해방 후에 가졌던 현실인식이 한국

---

2 동아시아의 범위는 지리적으로 대한민국, 북한, 일본, 중국, 몽골, 타이완, 홍콩, 마카오, 러시아 극동지역 등이지만 이 논문에서는 문화 및 역사의 유사성을 근거로 동남아시아와 중앙아시아 등도 포함한다. 한자, 유교, 성리학, 불교, 도교 등의 문화적 요소와 근대사회 이후 제국주의에 의해 식민지화된 역사를 가지고 있다.
3 이러한 견해는 김영철이 대표적이다(김영철, 『박인환』, 건국대학교 출판부, 2000).
4 맹문재, 『시학의 변주』, 서정시학, 2007, 306~315쪽.

전쟁 후에도 지속되었다고 볼 수 있는 것이다.

　한국은 1945년 식민지로부터 해방되어 민족의 자주적인 독립 국가를 수립할 수 있는 기회를 가졌다. 박인환은 그와 같은 시기에 국내뿐만 아니라 동아시아 국가들의 상황까지도 인식했다. 해방의 희열을 감상적으로 노래한 다수의 시인들과 달리 동아시아 국가들의 상황을 타산지석으로 삼은 것은 물론 연대의 필요성을 제시한 것이다. 다시 말해 진정한 민족 국가의 수립을 위해서는 제국주의에 대항하는 것이 필요하다고 역설한 것이다. 그와 같은 자세는 동시대의 다른 시인들에 비해 상당히 선구적인 것으로 볼 수 있다. 따라서 그의 동아시아 인식이 "우리 민족의 특수성으로까지 심화되거나 구체화되지는 못한 채 세계사적 보편성의 차원에서 당위적 의미의 재생산에 머무르는 한계를 넘어서지는 못했다."[5]고 평가할 수도 있지만, 그 의의를 결코 간과할 수 없다. 그동안 왜곡되어온 그의 시세계를 바로잡는 근거를 마련할 뿐만 아니라 이데올로기의 탄압에 의해 함몰된 해방기의 시문학사를 복원하는 계기를 마련하는 것이다.

2. 동아시아 인식의 실제

1) 동아시아 인식의 토대

　1945년의 민족 해방은 세계사적인 영향관계에서 이루어진 것이기 때문에 여전히 제국들로부터 간섭을 받고 있었다. 박인환은 그와 같은 상황에

5　하상일, 「아시아 신식민지인으로서의 공동체 의식」, 『박인환 깊이 읽기』(맹문재 편), 서정시학, 2006, 207쪽.

서 완전한 독립 국가를 이루기 위해서는 민중들이 주체가 되어 제국주의에 대항해야 한다고 판단했다. 동시대의 상당수 문인들도 민족 국가의 건설을 위해 일제 잔재의 청산, 봉건 잔재의 극복 등을 제시했는데, 박인환이 한층 더 적극성을 띠었던 것이다.

박인환의 시대 인식은 해방 후 신진 시인들이 대거 문단에 진출한 배경에서 배태되었다고 볼 수 있다. 신진 시인들은 기성 시인들과 달리 친일 혐의에서 자유로웠기 때문에 활발하게 활동할 수 있었다. 또한 해방 후 도래된 시대가 신진 시인들에게 새로운 인식과 실천을 요구했다. 그리하여 신진 시인들은 행사시를 남발한 면이 있었지만 시대를 적극적으로 품었는데, 박인환 역시 '시민정신'으로써 동시대를 이끈 것이다.

> 나는 불모의 문명 자본과 사상의 불균정(不均整)한 싸움 속에서 시민정신에 이반(離反)된 언어작용만의 어리석음을 깨달았었다.
> 자본의 군대가 진주(進駐)한 시가지에는 지금은 증오와 안개 낀 현실이 있을 뿐…… 더욱 멀리 지난날 노래하였던 식민지의 애가(哀歌)이며 토속의 노래는 이러한 지구(地區)에 가라앉아간다.
> ―「장미의 온도」[6] 부분

박인환은 해방기의 정국을 "자본과 사상의 불균정한 싸움"으로 말미암아 "자본의 군대가 진주한 시가지"로 파악했다. 제국주의의 팽창으로 인한 이데올로기의 갈등이 심각한 상황을 "증오와 안개가 낀 현실"로 인식한 것이다. 그리하여 "지난날 노래하였던 식민지의 애가(哀歌)이며 토속

---

6 김경린·임호권·박인환·김수영·양병식, 『새로운 도시와 시민들의 합창』, 도시문화사, 1949, 51쪽.

의 노래"를 극복할 필요성을 제기했다. 일제의 강점에 따른 주권 상실의 슬픔을 토로한 시들은 감상적이기 때문에, 식민지 상황을 외면한 시들은 현실 도피적이기 때문에 배제하는 대신 "시민정신"을 민족 해방을 추구하는 토대로 삼은 것이다.

나아가 박인환은 "시민정신"으로써 동아시아 국가들과의 연대를 추구했다. 한국과 같이 식민지를 경험했던 동아시아 국가들과 공동체 의식으로 신식민지에 처할 위험을 경계하면서 진정한 해방을 추구한 것이다. 동아시아는 인류 문명의 발생지임에도 불구하고 제국주의 국가들의 침략으로 말미암아 민족의 주권을 제대로 지키지 못한 역사를 가지고 있다. 자주적으로 개화하거나 정책을 시행하지 못하고 선진 무기를 앞세운 제국주의 국가들의 침략에 속수무책으로 당한 것이다. 철저히 정복욕을 내세운 제국들 앞에서 조화와 공존을 추구하는 동아시아 국가들의 유교적 세계관은 대응할 만한 힘이 되지 못했다.

박인환은 그와 같은 동아시아의 역사를 인지하고 제국주의 국가들에 적극적으로 대항할 것을 제시했는데, 이는 세계사의 흐름을 직시한 것이기에 주목된다. 마루야마 마사오가 진단했듯이 유럽에서의 민족자결주의의 승리, 러시아 혁명, 제1차 및 제2차 세계대전에서의 영국·프랑스·네덜란드 등 주요 식민 제국의 약화, 제2차 세계대전에서의 일본 제국주의 붕괴 등의 역사적 과정을 통해 민족 해방운동이 발흥하기 시작했는데,[7] 박인환은 그와 같은 세계사의 흐름을 예리하게 간파한 것이다. 그 구체적인 면이 그의 전기 시들에 나타나 있다.

---

7 丸山眞男, 김석근 옮김, 『현대정치의 사상과 행동』, 한길사, 2007, 328쪽.

2) 동아시아 국가들의 해방 인식

박인환의 전기 시작품에서 관심을 표명한 동아시아 국가는 인도네시아, 말레이시아, 캄보디아, 베트남, 투르키스탄, 홍콩 등인데 우선 인도네시아부터 살펴보기로 한다. 1500년대 초 향료를 찾아 도래했던 포르투갈인 알부께르끄(A.D. Albuquerque) 제독이 인도네시아의 말루꾸(Maluku) 군도를 점령했는데, 100년이 지나 네덜란드인들이 포르투갈을 제치고 다른 섬들까지 정복했다. 네덜란드는 향신료의 무역 이권과 운송로의 확보를 위해 동인도회사(東印度會社)를 설립해 그 세력을 넓혀갔고, 19세기 초에 이르러서는 인도네시아의 전역을 통치하게 되었다. 또한 1940년 초까지 커피, 설탕, 인디고 등 수출 작물을 증산하고 조세를 징수해 자국의 경제를 회생시켰다. 그 결과 인도네시아 민중들의 "주거와 의식은 최저도(最低度)"였고, "노예적 지위는 더욱 심"해 "7천 73만 인(人) 중 한 사람도/빛나는 남십자성은 쳐다보지도 못하며 살아"(「인도네시아 인민에게 주는 시」)야 했다.

1942년 네덜란드가 일본과의 전쟁에서 패하자 인도네시아는 다시 일본에 의해 지배받았다. 일본은 세계대전을 수행하고 있었기 때문에 전쟁에 필요한 경제적인 면과 인력적인 면을 지원받기 위해 강제 노동, 식량 징발, 구타, 약탈, 참배 강요 등 학정(虐政)을 펼쳤다.[8] 1945년 일본이 제2차 세계대전에서 완전하게 패하자 인도네시아는 비로소 독립할 수 있게 되

---

8 "Japan's immediate policy was to encourage religious groups and repress th political ones. Thus, (중략) was used to help recruitment of a local army and to secure food supplies. (중략) Japanese arrogance requiring all "colonials" to bow toward Tokyo and recognize the divinity of the Japanese emperor (후략)" D. R. SarDesai, *Southeast Asia, past & present*, colorado : Westview Press, 1997, pp.172~173.

었다. 그리하여 1945년 8월 17일 수카르노(Sukarno)를 지도자로 삼고 독립을 선언했다. 그렇지만 인도네시아를 오랫동안 지배해온 네덜란드는 수용하지 않고 다시 식민 통치를 요구해왔다. 그와 같은 면은 아래에서 구체적으로 확인할 수 있다.

> 동양의 오케스트라
> 가믈란의 반주악이 들려온다
> 오 약소민족
> 우리와 같은 식민지의 인도네시아   (중략)
>
> 홀란드의 58배나 되는 면적에
> 홀란드인은 조금도 갖지 않은 슬픔을
> 밀림처럼 지니고
> 7천 73만 인(人) 중 한 사람도
> 빛나는 남십자성은 쳐다보지도 못하며 살아왔다   (중략)
>
> 홀란드인은 포르투갈이나 스페인처럼
> 사원(寺院)을 만들지 않았다
> 영국인처럼 은행도 세우지 않았다
> 토인(土人)은 저축심이 없을 뿐만 아니라
> 저축할 여유란 도무지 없었다
> 홀란드인은 옛말처럼 도로를 닦고
> 아세아의 창고에서 임자 없는 사이
> 자원을 본국으로 끌고만 갔다
>
> 주거와 의식은 최저도(最低度)

노예적 지위는 더욱 심하고　　(중략)

마땅히 요구할 수 있는 인민의 해방
세워야 할 늬들의 나라
인도네시아 공화국은 성립하였다 그런데
연립 임시정부란 또다시 박해다
지배권을 회복하려는 모략을 부숴라
이제는 식민지의 고아가 되면 못쓴다
전 인민은 일치단결하여 스콜처럼 부서져라
국가 방위와 인민 전선을 위해 피를 뿌려라　　(중략)

제국주의의 야만적 제재는
너희뿐만 아니라 우리의 모욕
힘 있는 대로 영웅되어 싸워라
자유와 자기 보존을 위해서만이 아니고
야욕과 폭압과 비민주적인
식민 정책을
지구에서 부숴내기 위해
반항하는 인도네시아 인민이여
최후의 한 사람까지 싸워라

참혹한 몇 달이 지나면
피 흘린 자바섬(島)에는
붉은 칸나의 꽃이 피려니
죽음의 보람이 남해의 태양처럼
조선에 사는 우리에게도 빛이려니
해류가 부딪치는 모든 육지에선

거룩한 인도네시아 인민의
내일을 축복하리라

사랑하는 인도네시아 인민이여
고대문화의 대유적(大遺蹟) 보로부두르의 밤
평화를 울리는 종소리와 함께
가믈란에 맞추어 스림피로
새로운 나라를 맞이하여라

— 「인도네시아 인민에게 주는 시」 부분

"인도네시아"의 대표적인 전통 타악기인 "가믈란"(gamelan)과 전통 무용인 "스림피"(srimpi)를 작품의 도입 부분과 결구에 장치해놓고, 인도네시아가 식민지로부터 해방되기 위해서는 "최후의 한 사람까지 싸워야" 한다고 호소하고 있다. 식민지의 세계를 이해하려면 원주민들의 춤과 신들림 현상을 주목해야 한다. "원주민의 오락은 바로 근육의 힘을 탕진하는 형태를 취하며, 그것을 통해 날카로운 공격성과 어찌할 수 없는 폭력성을 배출하고 변형시키고 쏟아내"[9]기 때문이다.

인도네시아는 "홀란드의 58배나 되는 면적"을, 다시 말해 약 200만㎢의 영토를 가지고 있는 동남아 최대의 국가이자 총 17,508개의 섬으로 구성된 세계 최대의 도서국이다. 그렇지만 오랫동안 식민지의 지배를 받아 근대적 의미의 국가를 이루지 못했다. 350년이나 네덜란드의 지배를 받음으로 인해 자원은 강탈당했고 민중의 삶은 피폐되었다.[10] "홀란드인은

---

9 Franz Fanon, 『대지의 저주받은 사람들』, 남경태 역, 그린비, 2004, 78~79쪽.
10 양승윤, 『인도네시아사』, 대한교과서주식회사, 1994, 1~16쪽.

조금도 갖지 않은 슬픔을/밀림처럼 지니고" 살아야 했던 것이다. 네덜란드의 인도네시아에 대한 식민지 정책은 억압적이고 착취를 행한 것이어서 "사원(寺院)을 만들지 않았"고, "은행도 세우지 않았"으며, "옛말처럼 도로를 닦고/아세아의 창고에서 임자 없는 사이/자원을 본국으로 끌고만 갔"다. 그렇기 때문에 인도네시아 민중들은 "저축심이 없을 뿐만 아니라/저축할 여유란 도무지 없었"던 것이다.

박인환은 그와 같은 상황에서 인도네시아 민중들이 어떻게 대응해야 되는지를 단호하게 전했다. "인도네시아 공화국은 성립하였"지만 "연립 임시정부란 또다시 박해" 받고 있으므로 "지배권을 회복하려는 모략을 부숴"야 된다는 것이었다. "이제는 식민지의 고아가 되면 못 쓴다"고 경고하면서, "마땅히 요구할 수 있는 인민의 해방/세워야 할 늬들의 나라"이기 때문에 "국가 방위와 인민 전선을 위해 피를 뿌려"야 한다고 호소한 것이다. 실제로 식민지 국가의 민중들은 조국의 독립을 위해 폭력의 사용과 호전적 민족주의를 지향했다. 그 결과 많은 순국 영웅들과 비정규적 군사조직을 탄생시켰고, 카리스마적 민족 지도자를 탄생시켰으며, 또한 토착 공산당의 출현을 가져왔다.[11]

박인환의 이와 같은 항전 전략은 식민지 국가가 해방을 이루기 위해서는 필요한 것이었다. 식민지 상황이란 본질적으로 대립할 수밖에 없는 운명을 지녔기 때문에 처절한 투쟁을 거쳐야만 해방이 가능하다. 두 나라 간에 화해라든가 타협이라든가 통일은 불가능하다. 식민지 원주민들의 입장에서 볼 때 식민 정부는 본래부터 불필요한 존재이기 때문이다. 그런데 식민지의 엘리트 계급은 민중의 한가운데로 쉽사리 몸을 던지지 않는

---

11 Frank C, Darling, 『아시아의 근대화』, 이안범 역, 문경, 1982, 397쪽.

다. 폭력을 지지하는 것 같으면서도 실제로는 개량적인 행동을 띠는 것이다. 따라서 식민지의 민족 해방을 추진하는 주체 세력은 민중이고 또 민중이 되어야 한다.[12] 박인환은 그 사실을 인식하고 "전 인민은 일치단결하여 스콜처럼 부서져"야 한다고, "홀란드군의 기관총 진지에 뛰어들어"야 한다고 역설한 것이다.

동아시아 국가들과 서구 제국과의 사회 구성에서 가장 큰 차이가 나는 점은 중간계급의 결여이다. 상층부에는 높은 지대(地代)를 받는 수탈적인 대지주나 외국 상사와 결탁한 매판자본가가 있지만 제대로 된 중간계급이 없다. 그리하여 곧바로 "인구의 압도적 다수를 차지하며 거의 문맹인 빈농과 가공할 정도로 열악한 노동 조건하에 있는 광업, 기타 주로 원료 생산업 및 교통관계의 노동자, 다양한 잡역에 종사하는 반프로레타리아트 군집이 위치해 있"[13]는 것이다. 따라서 1949년 12월 27일 마침내 독립을 이룬 인도네시아의 역사에서 보듯이 민중은 민족 해방운동의 중심이 되는 것이다.

그렇다면 박인환이 인도네시아의 민족 해방에 깊은 관심을 표명한 이유는 무엇일까? 그것은 한국의 해방을 추구하기 위해서라고 볼 수 있다. 그와 같은 면은 "오 약소민족/우리와 같은 식민지의 인도네시아"라거나 "제국주의의 야만적 제재는/너희뿐만 아니라 우리의 모욕"이라고 공동체 의식을 표명한 데서 잘 나타나 있다. 따라서 "힘 있는 대로 영웅 되어 싸워라"라고 인도네시아의 민중들에게 호소한 것은 곧 한국 민중들에게 호소한 것이기도 하다. 그리하여 "자유와 자기 보존을 위해서"는 물론이고

---

12 Franz Fanon, 앞의 책, 55~130쪽.
13 丸山眞男, 앞의 책, 329쪽.

"야욕과 폭압과 비민주적인/식민 정책을/지구에서 부쉬내기 위해"서 "최후의 한 사람까지 싸워"야 한다고 항전을 촉구했다.

박인환은 그 항쟁에 대해 낙관적인 전망을 가졌다. "참혹한 몇 달이 지나면/피 흘린 자바섬(島)에는/붉은 칸나의 꽃이 피"어날 것이라고, "죽음의 보람이 남해의 태양처럼/조선에 사는 우리에게도 빛이" 될 것이라고 보았다. "내일을 축복하리라"는 기대감을 가진 것인데, 그만큼 독립국가를 달성하려는 열망이 강했던 것이다. 그와 같은 면은 다음의 작품에서도 볼 수 있다.

거북이처럼 괴로운 세월이
바다에서 올라온다

일찍이 의복을 빼앗긴 토민(土民)
태양 없는 마레 ―
너의 사랑이 백인의 고무원(園)에서
소형(素馨)처럼 곱게 시들어졌다

민족의 운명이
크메르 신(神)의 영광과 함께 사는
앙코르와트의 나라
월남 인민군
멀리 이 땅에도 들려오는
너희들의 항쟁의 총소리

가슴 부서질 듯 남풍이 분다
계절이 바뀌면 태풍은 온다

아세아 모든 위도(緯度)
잠든 사람이여
귀를 기울여라

눈을 뜨면
남방(南方)의 향기가
가난한 가슴팍으로 스며든다

―「남풍」전문

"아세아 모든 위도(緯度)/잠든 사람이여/귀를 기울여라"라고 외친 목소리는 마치 마르크스 · 엥겔스가 『공산당 선언』에서 "만국의 노동자여 단결하라"[14]라고 호소한 것을 연상시킨다. 그만큼 "남풍"이 위축되어 있는 아시아 민중들의 의식을 각성시키는 "태풍"으로 되기를 염원한 것이다.

박인환이 민족 해방을 추구하고 있는 나라로는 "일찍이 의복을 빼앗긴 토민(土民)/태양 없는 마레"를 우선 들 수 있다. 말레이시아가 서구 제국에 점령당한 것은 1511년 포르투갈에 의해서였다. 포르투갈은 그 후 130년간 지배했는데, 1642년 네덜란드에 의해 말레이시아의 지배권이 바뀌었다. 그리고 1824년 영화(英和)조약의 체결로 인해 말레이시아는 영국에 의해 또다시 지배되었다. 영국은 말레이시아의 항구와 해상로를 확보하고 정치 문제에는 간섭하지 않고 분할 통치를 하는 술탄(Sultan)들의 권력을 유지시켜 주었는데, 1869년 수에즈운하의 개통을 계기로 적극적으로 지배정책을 펼쳤다. 국제 무역의 중요한 항목으로 부상한 주석과 말레이

---

14 "WORKING MEN OF ALL COUNTRIES, UNITE!" Karl Marx and Frederick Engels, Manifesto of the Communist Party, New York : Verso, 1998, p.77.

시아의 가장 큰 수출품인 생고무를 강탈해간 것이다.[15] 그리하여 말레이시아인들은 "백인의 고무원(園)에서/소형(素馨)처럼 곱게 시"들 수밖에 없었다. 식민지의 민중으로서 지배국 정부가 감시하고 강요하는 대로 몸을 맞출 수밖에 없는 것이었다.

　1941년 일본이 말레이시아를 점령했다. 일본의 점령은 다소 역설적이지만 말레이시아 민중들에게 민족주의의 출현을 가져오게 했다. 일본은 영국과 달리 경제 문제에는 관심을 기울이지 않고 군사적 지위를 강화하는데 집중했기 때문에 말레이시아 민중들로 하여금 반일감정과 민족주의를 고취시킨 것이다. 그렇지만 일본이 1945년 세계대전에서 패하는 바람에 영국이 다시 식민 정부로 복귀했다. 영국은 본질적으로 말레이시아를 보호국에서 식민지로 전환하려고 말라야연합(Malayan Union)을 발표했는데, 말레이시아의 민중들이 대대적으로 반대하고 나서자 결국 포기하고 말았다. 그 대신 1948년 자치 정부를 위한 조기 선거와 말라야연방(Federation of Malaya)을 공표했다. 그렇지만 이 역시 완전한 해방이 아니었기 때문에 말레이시아의 민중들은 계속 영국의 식민 통치를 반대하고 나섰다.[16]

　또한 박인환은 "크메르의 영광과 함께 사는/앙코르와트의 나라" 즉 캄보디아의 민족해방을 추구하고 있다. 캄보디아는 발달된 관개체계와 관료제도를 통해 12세기에 절정을 이루었지만, 내정 불안과 종교 간 갈등으로 국력이 약해져 15세기에 이르러서는 수도 앙코르를 방어할 수 없게 되

15　양종회·유석춘·박길성, 『동남아시아의 사회계층』, 고려대학교 출판부, 1996, 79~88쪽.

16　그 결과 1957년 8월 31일 말레이시아는 독립에 성공했다. 자세한 내용은 Datuk Zainal Abidin bin Abdul Wahid, 소병국 역, 『말레이시아사』, 오름, 1998, 122~202쪽.

었다. 그 후 여러 나라의 지배를 받다가 1864년 프랑스의 보호국이 되었다. 프랑스는 캄보디아 내에서 민족주의가 대두되는 것을 막기 위해 상징적인 의미로 왕권의 유지와 권한을 허용하였다. 1942년에는 일본이 프랑스를 물리치고 캄보디아를 점령했다. 일본은 왕정 세력, 민족주의 세력, 공산주의 세력 등 캄보디아가 세 정파로 분리되어 있는 것을 이용해 프랑스에 반대하는 폭동을 교사하고 대동아공영권을 주창했다. 그렇지만 제2차 세계대전에서 일본이 패하자 1945년 9월 프랑스는 캄보디아를 탈환했다. 캄보디아의 민중들은 프랑스로부터 완전한 독립을 쟁취하기 위해 투쟁해 나갔다.[17]

박인환이 민족해방을 추구하는 또 다른 나라는 "월남" 즉 베트남이다. 베트남은 B.C. 2879년 반랑국[文郞國]이라는 독립왕국으로부터 시작된 유구한 역사를 가지고 있지만 식민지의 경험 또한 오래되었다. 214년 진나라의 침략을 시작으로 1,000년 동안 지배를 받았다. 13세기에는 몽골로부터 3차례의 침략을 받았으며, 1862년부터는 프랑스의 지배를 받았다. 1940년부터는 일본의 지배를 또한 받았다. 일본은 베트남을 중국의 장개석 정권을 타도하고 동남아시아로의 진출을 위한 군사적 전초 기지로 삼았다. 1945년 일본이 태평양전쟁에서 패하자 같은 해 9월 2월 공산주의자 및 민족주의자들은 호치민(胡志明)을 중심으로 베트남민주공화국을 선언했다. 그렇지만 1946년 프랑스의 반대에 부딪혀 제1차 인도차이나 전쟁을 겪었다.[18]

---

17 1954년 2월 캄보디아는 프랑스 연방에서 탈퇴하는 형식을 거쳐 독립을 쟁취했다. 양승윤 외, 『캄보디아 · 라오스』, 한국외국어대학교 출판부, 2005, 51~95쪽.
18 제1차 인도차이나 전쟁은 1954년 베트남이 승리하면서 종결되었다. 그렇지만 같은 해 7

위의 작품에서 "남풍"이란 말레이시아, 캄보디아, 베트남의 민중들이 내는 "항쟁의 총소리"를 상징하는데, 박인환은 그 외침이 "이 땅에도 들려오"기를 기대했다. "가슴 부서질 듯 남풍이" 불어 "계절이 바뀌면 태풍"으로 바뀌기를 기대한 것이다. 그와 같은 기대감을 가졌기 때문에 박인환은 "눈을 뜨면/남방(南方)의 향기가/가난한 가슴팍으로 스며든다"고 인식했다. 오랫동안 식민지로 전락했던 한국 민중들의 항전을 기대한 것이다.

박인환이 신식민지의 상황에 놓인 동아시아 국가들의 현실을 직시하고 대항할 것을 촉구한 것은, 한 국가의 투쟁이 그 자체에 머물지 않고 다른 국가의 투쟁에도 영향을 준다는 사실을 인지한 것이기에 주목된다. 실제로 제1차 인도차이나 전쟁에서 베트남은 "디엔비엔푸처럼 승리하기 위해서는 무엇을 해야 하는가? 우리는 어떻게 그런 일을 할 수 있을까?"[19]와 같은 비교를 하면서 가능성을 가지고 투쟁해 프랑스로부터 승리를 거둘 수 있었던 것이다.

베트남이나 캄보디아의 역사에서 보듯이 동아시아 국가들이 민중들의 항쟁에 의한 공산주의 체제로 독립을 이룬 것은 시사되는 바가 크다. 공산주의는 제2차 세계대전 이후 아시아 국가들에서 가장 큰 성과를 거두

월 제네바 협정에 따라 소련이 지원하는 북부와 미국이 지원하는 남부로 분할되었다. 그 후 북베트남의 게릴라 활동과 남베트남 내의 친공산주의자들이 반란을 일으켜 미국의 개입을 가져온 제2차 인도차이나 전쟁(베트남 전쟁)을 겪었다. 제1차 인도차이나 전쟁이 프랑스의 식민지 건설에 대한 베트남 민중들의 항전이라면, 제2차 인도차이나 전쟁은 미국의 침략에 대한 베트남 민중들의 항전이었다. 1973년 미국이 철수하면서 휴전되었고, 1976년 북베트남 주도로 베트남사회주의공화국이 탄생되었다. 송정남, 『베트남의 역사』, 부산대학교 출판부, 2000, 439~603쪽.

19 Franz Fanon, 앞의 책, 92쪽.

었다.[20] 소련이나 코민테른에 지리적으로 가까운 것도 아니고 역사적으로 전통이 있는 것도 아닌데도 불구하고 자력으로 공산주의 체제를 수립한 것은 "민족주의 운동과 긴밀하게 연결되"[21]었기 때문이다. 다시 말해 "민족의 보위라는 '서구의 충격' 아래의 큰 틀 안에서 이루어"[22]진 것, 즉 식민 통치에 대항하는 민족주의 운동과 민중 혁명을 추구한 공산주의 운동이 서로 결합된 결과로 볼 수 있는 것이다.

3) 한국의 해방 인식

박인환은 "선량한 우리의 조상은/투르키스탄 광막한 평지에서/근대 정신을 발생시켰다."(「정신의 행방을 찾아」)라는 데서 확인되듯이, 파미르고원을 중심으로 한 중앙아시아 지역인 투르키스탄을 조상들의 근대 정신이 발흥된 근거지로 삼았다. 그렇지만 박인환은 조상들의 '선량함'을 보존하거나 계승하기란 여간 힘든 것이 아님을 인정했다. 투르키스탄은 기원전 2세기 초부터 나라를 이루었지만, 여러 군주들의 지배를 받다가 1210년경부터 칭기즈 칸에 의해 점령당했다. 18세기에는 러시아에 의해 지배받았고, 1759년 동투르키스탄은 청나라에 정복당해 신장성이라고 불리며 행정체계에 편입되었다. 1864년 러시아의 침략을 당한 후 러시아령 투르키스탄이 되었다. 그 후 민중들의 항쟁을 통해 1917년 투르키스탄의 자치를 선언했고, 이듬해 투르키스탄 자치소비에트사회주의공

---

20 자세한 내용은 D. R. SarDesai, 앞의 책, 310~361쪽.
21 고병익, 『동아시아의 전통과 변용』, 문학과지성사, 1999, 80쪽.
22 최원식, 「탈냉전 시대와 동아시아적 시각의 모색」, 『동아시아, 문제와 시각』(정문길 외 엮음), 문학과지성사, 1995. 95쪽.

화국이 성립되었다.[23] 투르키스탄은 이민족의 침략과 지배로 인해 순수한 민족성을 계승하는 데 매우 힘든 역사를 견뎌내야 했던 것이다. 그리하여 박인환은 그 모습을 "사랑하는 사람의 의상마저/이미 생명의 외접선(外接線)에서 폭풍에 날아"(「정신의 행방을 찾아」)간 것으로 비유했다. 제2차 세계대전이 끝났지만 원시적인 생명이나 평화가 회복되기는 쉽지 않겠다고 생각한 것이다. 그와 같은 면은 다음의 작품에서도 나타나고 있다.

> 가난한 조선의 프로필을
> 여실히 표현한 인천 항구에는
> 상관(商館)도 없고
> 영사관(領事館)도 없다   (중략)
>
> 해외에서 동포들이 고국을 찾아들 때
> 그들이 처음 상륙한 곳이
> 인천 항구이다
>
> 그러나 날이 갈수록
> 은주(銀酒)와 아편과 호콩이 밀선(密船)에 실려오고
> 태평양을 건너 무역풍(貿易風)을 탄 칠면조가
> 인천항으로 나침(羅針)을 돌렸다   (중략)
>
> 밤이 가까울수록
> 성조기가 퍼덕이는 숙사(宿舍)와

---

23 小松 久男, 『중앙유라시아의 역사』, 이평래 역, 소나무, 2005, 330~416쪽.

주둔소의 네온사인은 붉고
정크의 불빛은 푸르며
마치 유니언 잭이 날리던
식민지 향항(香港)의 야경을 닮아간다

조선의 해항(海港) 인천의 부두가
중일전쟁 때 일본이 지배했던
상해의 밤을 소리 없이 닮아간다

—「인천항」 부분

"향항(香港)"(홍콩) 또한 동아시아 국가들과 마찬가지로 오랜 식민지의 역사를 가지고 있다. 진시황에 의해 병합당한 이래로 당나라와 송나라 등에 의해 무역항과 해상 군사지역으로 이용되었고, 1513년 포르투갈에 의해 서구의 지배를 받기 시작했는데 영국의 동인도회사가 무역항을 건설하면서 본격화되었다. 청나라가 아편 수입 금지안을 승인하자 영국은 제1차 아편전쟁을 일으켜 승리를 거두고 1841년부터 홍콩을 점령한 것이다. 1860년 제2차 아편전쟁으로 인해 홍콩은 영국에 영속적으로 귀속되었다. 1941년부터 일본이 홍콩을 새롭게 지배했는데, 그 식민 통치 동안 홍콩의 민중들은 강제 배급으로 인해 식량 부족에 시달렸고 인플레이션의 심화로 인해 삶의 고통을 겪었다. 160만 명이었던 인구가 60만 명으로 줄어든 것이 그 여실한 증거이다. 일본이 제2차 세계대전에서 패하자 홍콩의 지배권이 다시 영국으로 넘어갔다.[24] 박인환은 "인천항"으로 상징되는 해

---

24 1997년 홍콩은 1국 2체제에 의한 50년간의 현상 유지를 약속하며, 즉 한 국가에 사회주의와 자본주의라는 두 체제가 공존해 간다는 영·중협상에 의해 중국으로 반환되었다. ①

방 후의 한국 상황이 "중일전쟁 때" 일본이 지배했던 "향항"과 다르지 않다고 보았다. "밤이 가까울수록/성조기(星條旗)가 퍼덕이는 숙사(宿舍)와/주둔소의 네온사인"이 붉게 빛나는 인천항의 모습과 "유니언 잭이 날리던/식민지 향항(香港)의 야경"과 같다고 파악한 것이다. 성조기와 유니언 잭이 날리는 모습에서 제2차 세계대전 이후 네덜란드와 프랑스는 식민지 국가들로부터 대부분 철수했는데 비해 미국과 영국은 잔존한 경우가 많았던 상황을 연상시킨다. 또한 아시아를 지배했던 일본의 지위가 미국으로 넘어간 사실도 확인된다.[25]

"인천 항구"는 "해외에서 동포들이 고국을 찾아들 때/그들이 처음 상륙한 곳"일 정도로 유서가 깊은 곳이지만 현실은 그렇지 못했다. "가난한 조선의 프로필을/여실히 표현"했던 것이다. 그리하여 "상관(商館)도 없고/영사관(領事館)도 없"었다. 그 대신 "날이 갈수록/은주(銀酒)와 아편과 호콩이 밀선(密船)에 실려" 왔다. 국가의 생산력을 높이는데 기여하는 물품이 아니라 은주 같은 소비재나 아편 같은 마약이 밀선을 타고 들어오는 상황이 진행된 것이다. 박인환은 새로운 식민지가 될지도 모를 위험에 처해 있는 그와 같은 해방기의 상황을 동아시아 국가들의 처지와 연결시키며 예리하게 반영했다. 민족이 진정한 해방을 이루기 위해서는 제국들의 침략에 적극적으로 대응해야 된다고 역설한 것이다.

G. B. 엔다콧, 은은기 역, 『홍콩의 역사』, 한국학술정보(주), 2006. ② 中嶋嶺雄, 김유곤 역, 『홍콩의 미래』, 우석, 1997, 40~52쪽.
25 野澤豊 외, 박영민 옮김, 『아시아 민족운동사』, 백산서당, 1988, 429~430쪽.

3. 결론

동아시아 국가들의 "질서를 해체시키는 결정적인 원인은 이들 사회 내부에 있었던 것이 아니라 전통 사회의 지배 권력을 위협하는 제국주의 침략에 있었"다.[26] 그 결과 동아시아 국가들은 민족의 정체성을 간난하게 지키는 역사를 진행해왔다. 이와 같은 차원에서 보면 한국의 독립 문제 역시 개별적이거나 특수한 것이 아니라 동아시아 국가들과 긴밀한 연관을 갖는 것임을 알 수 있다.

박인환은 「인천항」 「남풍」 「인도네시아 인민에게 주는 시」 「고리키의 달밤」 「정신의 행방을 찾아」 등을 통해 한국을 비롯한 동아시아 국가들의 진정한 민족 해방을 추구했다. 민중이 주체가 되어 제국주의에 대항해야만 식민지로부터 해방될 수 있음을 호소한 것이다. 박인환이 『선시집』의 후기에서 "나는 지도자도 아니며 정치가도 아닌 것을 잘 알면서 사회와 싸웠다."[27]라고 토로한 것 또한 그 증거이다.

동아시아 국가들은 서구 제국들의 지배를 오랫동안 받아오다가 제2차 세계대전의 종결로 인해 해방될 수 있었다. 자주적인 독립 국가를 수립할 수 있는 기회를 획득한 것이다. 그렇지만 제국주의 국가들은 기존의 식민지 정책을 회복하려고 갖가지 압력을 가해왔다. 박인환은 그와 같은 상황을 파악하고 대응책으로 동아시아 국가들의 민중들이 연대해서 대항해야 된다고 제시했다. 실제로 인도네시아, 말레이시아, 캄보디아, 베트남 등은 끈질긴 민중들의 항쟁으로 말미암아 마침내 독립 국가를 이루었다. 이

---

26 신광영, 『동아시아의 산업화와 민주화』, 문학과지성사, 1999. 249쪽.
27 박인환, 『선시집』, 산호장, 1955, 238쪽.

와 같은 차원에서 박인환이 추구한 동아시아 인식은 새롭게 조명할 가치를 지닌다.

동아시아 국가들의 해방 인식은 오늘의 상황에서도 중요하다. 동아시아 국가들은 아직도 서구 제국들의 영향을 지대하게 받고 있기 때문이다. 또한 동아시아 국가들 사이에서도 침략과 저항이라는 관점에서 서로를 인지하고 있어 화해를 이루어내기 어렵기 때문이다. 특히 근래 일본 우익의 군국주의 태도에서 볼 수 있듯이 폐쇄적인 자국 중심주의는 동아시아의 평화 관계를 더욱 어렵게 만들고 있다. 지역 통합의 움직임이나 다자간 무역 환경 등이 논의되고 있지만 불행한 역사를 청산하지 않는 한 건설적인 성취는 어렵다. 따라서 근대 시문학에 나타난 동아시아 인식은 과거의 역사를 올바로 이해하는 것은 물론 바람직한 미래를 준비하기 위해서도 필요한 것이다.[28]

---

28 이 논문은 『한국문학이론과 비평』 제38집, 2008에 수록되었다.

박인환의 시에 나타난 엘리엇과
스펜더의 시론 수용 양상

맹문재

1. 서론

주지하다시피 박인환은 해방기 이후부터 1950년대 중반까지 한국 모더니즘 시 운동을 주도적으로 이끈 시인이다. 1948년 김경린·김경희·김병욱·임호권과 '신시론' 동인을 결성한 뒤 『신시론』 제1집을 발간했고, 1949년 『신시론』 제2집에 해당하는 『새로운 도시와 시민들의 합창』을 김경린·김수영·양병식·임호권과 함께 발간했다. 또한 1949년 김경린·김규동·김차영·이봉래·조향 등과 '후반기'를 결성한 뒤 한국전쟁 동안 피난지인 부산에서 모더니즘 시 운동을 전개했다.

박인환은 1956년(31세) 타계할 때까지 '청록파' 류가 지향한 순수 서정시의 시 세계에 맞서는 현실 인식의 모더니즘 시를 추구했다. 물론 정치적인 목적을 위해 형식보다 내용에 경도된 조선문학가동맹 소속의 시인들이 추구한 시 세계에도 맞섰다. 그 대신 현대적인 감각과 시어로 자신이 살아가는 시대를 적극적으로 반영해내었다.

박인환의 모더니즘 시는 1930년대의 모더니즘 문학을 이끈 김기림으로부터 영향 받은 것이다. 김기림은 "『모더니즘』은 두 개의 否定을 準備했다. 하나는 『로맨티시즘』과 世紀末文學의 本流인 『쎈티멘탈·로맨티시즘』을 위해서고, 다른 하나는 當時의 偏內容主義의 傾向을 위해서였다"[1]라고 했듯이 1920년대에 등장한 낭만주의 시의 감상성과 프롤레타리아 시의 관념성을 부정했다. 낭만주의 시는 자연의 풍경을 감상적으로 노래함으로 인해 근대 문명을 제대로 파악하지 못했고, 프롤레타리아 시는 내용의 추구에 기울어 언어의 가치를 소홀히 했다고 비판한 것이다. 그리하여 근대 문명을 적극적으로 수용하는 감각과 역사의식을 가져야 한다고 주장했다. 박인환은 김기림의 그와 같은 인식을 자신이 추구할 모더니즘 시의 방향으로 삼고 수용했다.

그러면서도 박인환은 김기림의 모더니즘 시론을 일방적으로 따르지 않고 그 나름대로 수용했다. 그와 같은 면은 1948년 7월 22일 『조선일보』에 게재한 김기림의 『새시집』에 대한 서평에서 여실하게 드러난다. "지난날 조선의 시의 기사(騎士)였던 씨는 아직도 무수한 무기를 가지고 있으니 그것은 사회학적, 정치학적, 과학적 인식에 있어서의 시적 구성의 위력"이라고 고평하면서도 "지적 정서를 아직도 상실하지 않은 시인 김기림 씨는 시사 문제를 정리 못하고 있는데 이것이야말로 가장 위기한 내일을 초래할지도 모른다"[2]라고 비판한 것이다.

박인환은 김기림이 '시사 문제'를 정리하지 못한 점을, 다시 말해 시의

---

1 김기림, 『시론』, 백양당, 1947, 74쪽.
2 박인환, 「김기림 시집 『새노래』평」, 『박인환 전집』(맹문재 엮음), 실천문학사, 2008, 232~233쪽.

사회적 참여에 대한 분명한 입장을 지니지 못한 점을 우려했다. 이와 같은 입장은 곧 박인환 자신이 모더니즘 시에서 시대적인 문제며 사회적인 문제를 적극적으로 반영하겠다는 의지를 나타낸 것이다. 박인환은 김기림의 모더니즘 시론을 수용하면서도 다른 한편으로는 해방기 및 한국전쟁 전후의 상황에 필요한 시론을 그 나름대로 제시한 것이다.

이와 같은 차원에서 박인환은 영미 시인들의 시론을 적극적으로 탐색하고 소개했는데, 특히 엘리엇(Thomas Stearns Eliot)과 스펜더(Stephen Spender)의 시론에 지대한 관심을 가졌다. 그가 추구하는 모더니즘 시의 거울로 삼고 적극적으로 수용한 것이다. 박인환은 "모더니즘의 기법에는 인간의 정신과 행동의 문제를 담아야 한다고 주장했는데, 이는 현실의 상황을 외면하지 않는 지성적인 비판정신"[3]으로서 1930년대의 김기림이 추구한 모더니즘 문학과는 구별되는 것이었다. 이 논문에서는 박인환이 엘리엇과 스펜더의 시론을 수용한 면을 좀 더 집중적으로 살펴보고자 한다. 서로의 영향 관계를 고찰하면서 박인환이 추구한 모더니즘 시의 특성이 한층 더 밝혀질 수 있기를 기대하는 것이다.

2. 본론

1) 엘리엇 시론의 수용

엘리엇은 1888년 미국에서 태어나 1965년 타계할 때까지 영국에서 활

---

3 홍성식, 「한국 모더니즘 시의 스티븐 스펜더 수용」, 『동서비교문학저널』 제13호, 2005, 276쪽.

동한 시인, 극작가, 문학평론가로서 20세기의 모더니즘 문학을 이끌었다. 1922년 그가 창간한 비평지인 『크라이테리언(The Criterion)』에 발표한 뒤 간행한 장시집 『황무지(The Waste Land)』가 그 대표적인 작품이다. 엘리엇은 시인의 작품은 "단순히 한 개인의 산물이 아니라 시대의 산물로 보"았고 "위대한 시인은 자신을 쓰면서 자신의 시대를 쓴다"[4]라는 의식으로 제1차 세계대전으로 인한 유럽 문명의 붕괴와 정신적인 위기감을 그려냈다.

『황무지』는 제1차 세계대전 뒤 황폐한 유럽을 황무지로 상징해서 고발한 것으로 제1부 죽은 자의 매장("The Burial of the Dead"), 제2부 체스 게임("A Game of Chess"), 제3부 불의 설교("The Fire sermon"), 제4부 익사("Death by Water"), 제5부 천둥이 말한 것("What the Thunder Said") 등으로 구성되어 있다. 유럽의 폐허화된 상황을 고발하면서 궁극적으로 고대의 성배 전설과 프레이저가 연구한 원형의 신화를 참고하고 『성서』, 『우파니샤드』, 단테, 보들레르, 셰익스피어 등을 인용해 생명의 부활을 그렸다. 낭만주의에 대한 지적인 비판과 상징성으로 인해 작품이 난해하지만 역사와 문명을 새롭게 인식했다는 점에서 20세기의 현대시를 대표한다.

엘리엇이 시를 쓰기 시작한 시기의 "영국 시단은 조지아 풍의 나른한 전원시에 젖어 있었다. 그것은 낭만시를 억지로 연장해 놓은 것"[5]에 불과했다. 따라서 변화된 세계를 담아내는 데 한계를 가진 낭만주의 작품 대신 새로운 관점과 기법의 시가 요구되었다. 엘리엇은 그와 같은 시대적인

---

4 김구슬, 「엘리엇과 단테−통합의 시학」, 『동서비교문학저널』 제30호, 2014, 28쪽.
5 신원철, 「20세기 영미 시인 순례」, 동인, 2016, 113쪽.

필요성을 인식하고 새로운 시를 주도적으로 이끌었다. "시대적인 요구에 부응하는 새로운 시를 세상에 내보임으로써 당시 주류를 이루던 시적 전통을 일격에 타파했을 뿐만 아니라 영시의 새로운 장(章)을 여는 역할을 수행한"[6] 것이다.

박인환은 그와 같은 엘리엇의 시론에 큰 영향을 받았다. "어느 날 다방에서 T. S. 엘리엇의 「황무지」의 번역에 관하여 이야기하고 있는 분을 쳐다보았더니 그는 내가 잘 아는 C씨의 친우인 김경희(金景憙) 씨라는 것을 알게 되었다"[7]라는 데서, 즉 『신시론』 동인을 구성하는 과정에서 김경희가 엘리엇을 이야기하는 것을 본 즉시 제안했을 정도로 엘리엇을 동경했던 것이다.

또한 박인환은 "'후반기'에 속하는 시인의 대부분은 1920년대에 이 불안의 세계에 태어났다"[8]라고 진단했는데, 자신을 비롯한 '후반기' 동인들이 처한 상황이 엘리엇이 「황무지」를 발표한 시기와 같다고 인식했다. 다시 말해 제1차 세계대전이 끝난 뒤의 불안한 유럽 사회가 '후반기' 동인들이 겪은 해방기며 한국전쟁의 시기와 유사하다고 본 것이다. 그리하여 박인환은 그 기간 동안의 불모와 파멸을 여실히 담아내기 위해서는 기존의 시를 극복하는 새로운 형식과 내용이 필요하다고 주장했다. 복잡하고 급변하는 서구 사회를 반영해내려면 시가 난해하지 않을 수 없다고 주장한 엘리엇의 시론과 상통하는 것이다. 그리하여 박인환은 『주간국제』(1952)에서 엘리엇의 「황무지」를 다음과 같이 소개했다.

---

6 이정호, 『T.S. 엘리엇 새로 읽기』, 서울대학교출판부, 2001, 2~3쪽.
7 「후기」, 『신시론』, 산호장, 1948, 16쪽.
8 박인환, 「현대시의 불행한 단면」, 『박인환 전집』(맹문재 엮음), 실천문학사, 2008, 248쪽.

웨스턴(Jessie L. Weston) 여사의 「성배 전설」에 관한 『의식(儀式)에서 로맨스에』라는 서책을 기초로 한 동(同) 시(詩)는 그의 황폐의 관념을 종합하는 동시 1차 대전에서 오늘에 이르는 세계 문명을 예언도 하고 그 사회의 성장을 축도(縮圖)함으로써 타락된 종교, 공허한 문자로서 일세(一世)를 속이고 있는 철학, 부패한 도덕 — 정신적인, 지적인 확실성이 소실되고 불안과 공포의 생사에 부딪치고 있는 오늘의 절망적인 현상을 노래하고 있다……. 여기서부터 현대시의 과제와 그 비극적인 숙명은 발족되고 있다.[9]

위의 글은 「황무지」 제3부 불의 설교의 1~8행을 살핀 것이다. 작품의 내용은 "강을 덮었던 장막은 걷히고 마지막 간당거리는 나뭇잎이/습한 강기슭에 내려앉는다/바람은 소조(蕭條)히 황토 벌판을 불고/수령(水靈)은 어디론지 떠나 버렸다/고이 흐르라 정든 템즈여 나의 노래가 끝날 때까지"[10] ("The river's tent is broken : the last fingers of leaf/Clutch and sink into the wet bank. The wind/Crosses the brown land, unheard. The nymphs are departed./ Sweet, Thames, run softly, till I end my song.")라고 제1차 세계 대전 뒤에 도래한 현대 문명의 비인간성을 고발하고 있다. 강의 신(神)이 어디론가 떠나버렸다는 것은 인간의 삶의 조건이 무너졌음을 의미한다. 박인환은 이와 같은 엘리엇의 세계 인식을 수용해서 작품 활동을 추구한 것이다.

---

9   위의 책, 250쪽.
10 위의 책, 250쪽.

> 현재의 시간과 과거의 시간은
> 거의 모두가 미래의 시간 속에 나타난다
> (T.S. 엘리엇)

살아 있는 것이 있다면
그것은 나와 우리들의 죽음보다도
더한 냉혹하고 절실한
회상과 체험일지도 모른다.

살아 있는 것이 있다면
여러 차례의 살육에 복종한 생명보다도
더한 복수와 고독을 아는
고뇌와 저항일지도 모른다.

한 걸음 한 걸음 나는 허물어지는
정적과 초연(硝煙)의 도시 그 암흑 속으로……
명상과 또다시 오지 않을 영원한 내일로……
살아 있는 것이 있다면
유형(流刑)의 애인처럼 손잡기 위하여
이미 소멸된 청춘의 반역을 회상하면서
회의와 불안만이 다정스러운
모멸의 오늘을 살아나간다.

…… 아 최후로 이 성자의 세계에
살아 있는 것이 있다면 분명히

>   그것은 속죄의 회화 속의 나녀(裸女)와
>   회상도 고뇌도 이제는 망령에게 판
>   철없는 시인
>   나의 눈감지 못한
>   단순한 상태의 시체일 것이다……
>   ─박인환, 「살아 있는 것이 있다면」 전문[11]

위의 작품의 화자는 "현재의 시간과 과거의 시간은/거의 모두가 미래의 시간 속에 나타난다"라는 엘리엇의 말을 인용하면서 "살아 있는 것이 있다면/그것은 나와 우리들의 죽음보다도/더한 냉혹하고 절실한/회상과 체험일지도 모른다"라고 토로하고 있다. 사는 일이 죽는 일보다 냉혹하다는 것은 그만큼 삶의 조건이 고통스러움을 나타낸다. "살아 있는 것이 있다면/여러 차례의 살육에 복종한 생명보다도/더한 복수와 고독을 아는/고뇌와 저항일지도 모른다"고 한 것도 마찬가지이다. 한 인간에게 고통을 주는 환경 혹은 상대는 그를 복종하는 존재로 만들기보다 오히려 증오심과 복수심을 지니게 한다.

작품 화자의 이와 같은 상황 인식은 한국전쟁으로 말미암은 것이다. 화자는 자신을 비롯한 민족 전체에게 이루 말할 수 없는 재해를 안겨 준 전쟁에 충격을 받았다. 한국전쟁으로 인한 인명 피해는 국군의 경우 621,479명(전사/사망 137,899명, 부상 450,742명, 실종 24,495명, 포로 8,343명), 유엔군의 경우 154,878명(전사/사망 40,667명, 부상 104,280명, 실종 4,116명, 포로 5,815명), 북한군(중공군 포함)의 경우 366,000여

---

11 위의 책, 83~84쪽.

명(전사 116,000여, 부상 220,000여, 실종/포로 29,000여)에 이르렀고, 전재민(戰災民)도 2,104,661세대의 10,189,301명이나 되었다.[12] 뿐만 아니라 수많은 공장과 가옥, 교통, 체신, 병원 시설 등 사회적 기반이 파괴되었고 1,000만 명의 이산가족이 발생했다.

한국전쟁으로 인해 전사하거나 부상당하거나 실종된 군인들뿐만 아니라 민간인들의 피해도 매우 컸는데, 박인환은 그 상황을 직접 목격했다. 『경향신문』에 「서울 돌입!」(1951. 2. 12), 「서울 탈환 명령을 고대 6185부대 한강 연안 대기」(1951. 2. 18), 「짓밟힌 '민족 마음의 고향 서울' 수도 재탈환에 총궐기하자!」(1951. 2. 20), 「장비 없이 출전한 오랑캐 '수류탄에 볶은 쌀가루' 뿐」(1951. 2. 21), 「중공군 서울 퇴각?」(1951. 2. 21), 「대구 고등 군법 회의, 거창 사건 피고인들 인도 공판 진행」(1951. 12. 18) 등의 기사를 발표했듯이 종군기자로 전쟁을 직접 겪었던 것이다. 작품의 화자가 "한 걸음 한 걸음 나는 허물어지는/정적과 초연(硝煙)의 도시 그 암흑 속으로" 들어간다는 것은 전쟁의 충격을 크게 받은 모습이다. "또다시 오지 않을 영원한 내일"이라는 인식도 마찬가지이다. 그리하여 화자는 "회의와 불안만이 다정스러운/모멸의 오늘을 살아나간다"고 자신의 실존을 비극적으로 그리고 있다.

이와 같은 상황 속에서도 화자는 "성자의 세계"를 찾는다. "살아 있는 것이 있다면 분명히/그것은 속죄의 회화 속의 나녀(裸女)와" 같다고 말한다. 또한 "회상도 고뇌도 이제는 망령에게 판/철없는 시인"으로서 "단순한 상태의 시체"라고 토로한다. 어떠한 의지도 갖지 못하고 어떠한 탈출구도 마련하지 못하는 자신을 신 앞에서 솔직하게 고백하는 것이다. 이성

---

12 이중근 편저, 『6·25전쟁 1129일』, 우정문고, 2013, 1,000쪽.

적인 존재인 인간이 신 앞에서 무릎을 꿇는 행동은 합리적이지 않다. 그렇지만 더 이상 넘어설 수 없는 벽 앞에 있는 존재로서 신을 찾지 않을 수 없다. 그만큼 한국전쟁은 인간의 이성과 존엄성을 파괴시킨 것이다. 따라서 화자가 "성자"를 찾은 것은 절체절명의 순간에서도 생존하려는 절박한 행동이다. 자신을 포기하지 않기 위해 신과 함께한 것이다.

이와 같은 화자의 인식은 엘리엇이 『황무지』에서 추구한 주제의식과 상통한다. 주지하다시피 『황무지』는 인간의 재생을 추구하는 신화, 기독교의 부활, 부처의 설교, 힌두교 경전, 성배 전설 등을 인용하면서 황폐한 현대문명과 그 속에서 타락한 현대인을 구하려고 했다. 제1차 세계대전 후 서구의 타락한 상황에 새로운 질서를 부여하고 생명을 살리려고 한 것이다.

그러면서도 박인환은 엘리엇의 세계 인식을 넘어서려고 했다. 엘리엇이 현대 문명을 담아내려고 한 면을 수용하면서도 좀 더 적극적으로 자신이 처한 한국의 상황을 반영하려고 한 것이다. 엘리엇은 분열된 현대인들의 상황을 통합하고 질서를 부여할 힘을 문학과 종교의 상호보완으로 모색했다. 따라서 "傳統과 秩序를 바탕으로 神과의 調和와 合一을 추구하는 Eliot의 立場에서 볼 때 그의 詩는 죽음과 再生의 Motif를 基督敎的인 관점에서 해석"[13]한 것이다.

박인환은 엘리엇의 이와 같은 한계를 넘어서려고 등장한 뉴컨트리파와 그 핵심 구성원인 스펜더를 발견했다. 스펜더는 "엘리어트의 종교적 구원이라는 해결책에 회의적이었고, 그것이 사회의 의미들로부터의 도피라고 생각했"을 뿐만 아니라 "엘리어트의 종교적 구원이 극히 개인적이"어

---

13 김양수, 『T. S. Eliot의 시와 사상』, 한신문화사, 1992, 268쪽.

서 "그 해결책을 개인이 아닌 집단에서, 그리고 막시즘에서"[14] 찾으려고 했다. 박인환은 스펜더의 이 '집단'을 발견하고 새로운 휴머니즘을 추구하기 위해 모더니즘 시 운동을 전개했다.

2) 스펜더 시론의 수용

1909년 영국에서 태어나 1995년까지 활동한 스펜더는 박인환의 시 세계에 가장 영향을 끼친 시인이자 비평가였다. 그와 같은 면은 "나는 오래 전부터 S. 스펜더 씨의 시 작품과 그 문예 비평 또한 그의 시인으로서의 사회적 참가에 크게 공명한 나머지 해외의 시인으로서는 그의 오랜 친우인 W. H. 오든과 아울러 가장 존경했고 건방진 표현이긴 하나 크게 영향을 받은 바 있다"[15]라고 토로한 데서 여실히 볼 수 있다. 뿐만 아니라 박인환이 "처음 이 시집은 '검은 준열의 시대'라고 제(題)하려고 했던 것을 지금과 같이 고치고 4부로 나누었다"[16]라고 자신의 첫 시집 제목을 원래는 『검은 준열의 시대』로 정했다가 나중에 스펜더가 『선시집』을 출간하자, 그에 따라 자신의 시집 제목도 『선시집』으로 바꾸었다고 밝힌 데서도 확인된다.

박인환은 스펜더를 「S. 스펜더 별견(瞥見)」(1953)을 통해서도 상세하게 소개했다. 이 글에 따르면 1933년 런던에서 출간된 사화집 『뉴컨트리』는 제1차 세계대전 중 성장한 젊은 시인 집단인 뉴컨트리파의 최초 엔솔로지로서 현대시의 발전에 기반이 되었다. 루이스(Cecil Day Lewis), 이셔우

---

14 문혜원, 「김기림의 문학에 미친 스펜더의 영향」, 『비교문학』 18권, 1993, 22쪽.
15 박인환, 「S. 스펜더 별견(瞥見)」, 『박인환 전집』(맹문재 엮음), 실천문학사, 2008, 262쪽.
16 박인환, 「『선시집』 후기」, 위의 책, 304쪽.

드(Christopher Isherwood), 오든(Wystan Hugh Auden) 등이 주요 구성원이었다. 스펜더는 이 사화집에 「시와 혁명」이란 에세이를 발표했는데, 뉴컨트리파 시인들의 입장을 대표하는 성명서이자 사회주의 시인으로서 시를 쓰게 된 뒤 직면한 문제들에 대한 해답이었다. 이 글에서 스펜더는 시를 쓴다는 행위가 순수한 개인의 문제였던 시대는 떠나갔다고 단언하면서 시의 사회적 효용성을 주장했다. 그의 선배인 엘리엇이나 파운드(Ezra Loomis Pound) 등의 시 세계와 단절하고 오든 등과 불안한 시대를 정신적인 배경으로 믿고 사회주의적인 시를 쓴 것이다. 그 후 정치적으로 신봉해오던 공산주의 이념에서 탈피했지만, 스펜더는 제1차 세계대전 후 가장 열정 있는 사회주의 시인의 지위를 확보했다. 엘리엇과 파운드가 붕괴되어가는 세계를 종교적인 방법으로 구하려고 한 데 반해 스펜더는 정치적인 방법을 추구했다. 시인이란 그 사회를 계몽하여 인도하는 특별한 임무를 지닌 존재라고 인식했을 뿐만 아니라 뉴컨트리파의 시인들과 함께 스페인에 의용군으로 진출하는 등 정세의 변동에도 적극적으로 행동했다. 이와 같은 스펜더의 모더니즘 운동은 전 세계에 공감을 주어 "일본에 있어서의 '신영토(新領土)' 이후의 현대로 전개되었고 한국에 있어서는 김기림 이후의 새로운 시로써 그 결실을 보게"[17] 되었다.

박인환의 스펜더에 대한 소개는 「현대시의 불행한 단면」에서도 계속된다. 스펜더가 『비엔나』(1934), 『포엠즈』(1933), 『조용한 중심』(1939), 『폐허와 비전』(1942), 『헌신의 시』(1946), 『존재의 단(端)』(1949) 등의 시집을 출간함으로써 사회적 위치를 확립한 사실과 평론집 『파괴적 요소』(1936)를 간행한 일을 소개했다. 스펜더는 『파괴적 요소』에서 제1차 대전

---

17 박인환, 「S. 스펜더 별견(瞥見)」, 위의 책, 267쪽.

후의 서구 사회를 파멸적인 요소들이 축적된 것으로 보았다. 그에 따라 "오든을 주도로 하고 있는 현대 사회주의 작가, 시인(주로 뉴컨트리파)들이 여하히 파멸적 요소와 싸우며 주체적으로 해결하려고"[18]나섰다. 박인환은 스펜더의 그와 같은 세계 문명에 대한 정치적 인식과 새로운 휴머니즘을 통한 미래의 전망에 전적으로 동의했다.

박인환의 스펜더에 대한 소개는 「현대시의 변모」로도 이어진다. 엘리엇 이후 뉴컨트리파의 운동을 소개하면서 "W. H. 오든, S. 스펜더, 죽은 딜런 토머스, 이디스 시트웰 등…… 현대의 정치와 사회의 심연에서 허덕이는 인간의 정신과 행위를 노래한 이들이 훨씬 오늘의 시인이 아닌가 생각합니다"[19]라고 밝힌 것이다. 그리하여 혼란한 해방기와 민족 전체를 황폐화시킨 한국전쟁을 겪은 박인환은 스펜더의 시 세계를 자신이 추구하는 모더니즘 시의 거울로 삼았다. 문학은 시대와 분리될 수 없다는 스펜더의 주장을 수용하고 시대의 고통에 맞서나가는 기교와 형식을 추구한 것이다. 「열차」는 그와 같은 노력의 산물이다.

> 궤도 위에 철(鐵)의 풍경을 질주하면서
> 그는 야생(野生)한 신시대의 행복을 전개한다
> 　　　　　　　　스티븐 스펜더

폭풍이 머문 정거장 거기가 출발점

18　박인환, 「현대시의 불행한 단면」, 위의 책, 255쪽.
19　박인환, 「현대시의 변모」, 위의 책, 293쪽.

정욕과 새로운 의욕 아래
열차는 움직인다
격동의 시간
꽃의 질서를 버리고
공규(空閨)한 나의 운명처럼
열차는 떠난다
검은 기억은 전원(田園)에 흘러가고
속력은 서슴없이 죽음의 경사(傾斜)를 지난다

청춘의 북받침을
나의 시야에 던진 채
미래에의 외접선(外接線)을 눈부시게 그으며
배경은 핑크빛 향기로운 대화
깨진 유리창 밖 황폐한 도시의 잡음을 차고
율동하는 풍경으로
활주하는 열차

가난한 사람들의 슬픈 관습과
봉건의 터널 특권의 장막을 뚫고
피비린 언덕 넘어 곧
광선의 진로를 따른다
다음 헐벗은 수목(樹木)의 집단 바람의 호흡을 안고
눈이 타오르는 처음의 녹지대
거기엔 우리들의 황홀한 영원의 거리가 있고
밤이면 열차가 지나온
커다란 고난과 노동의 불이 빛난다

혜성보다도

아름다운 새날보담도 밝게

— 박인환, 「열차」 전문[20]

위의 작품은 스티븐 스펜더의 「급행열차」에 나오는 "궤도 위에 철(鐵)의 풍경을 질주하면서/그는 야생(野生)한 신시대의 행복을 전개한다"라는 구절을 인용하면서 시작하고 있듯이 스펜더의 영향을 받았다. 아울러 스펜더의 작품과 동일하게 27행으로 구성했고, 유사한 시어들을 활용했다. "정거장", "열차", "속력", "죽음", "도시", "전원", "밤", "혜성" 등과 같은 시어들은 스펜더의 작품에서도 주요 역할을 한 것이다.

또한 스펜더가 「급행열차」에서 어두움을 극복하려고 제시한 밝은 이미지 역시 위의 작품에서 발견된다. "폭풍이 머문 정거장 거기가 출발점/정욕과 새로운 의욕 아래/열차는 움직인다"라고 한 데서 확인되듯이 화자는 새로운 의욕을 가지고 열차를 타고 있다. "격동의 시간"은 진정한 민족 국가 건설을 위한 열망이 넘친 해방기를 가리킨다. 그 시기는 "꽃의 질서"마저 무시될 정도로 혼란하였고, 오랫동안 남편 없이 지내는 아내의 "공규(空閨)한" 운명처럼 앞날이 보이지 않았다.

화자는 그와 같은 상황을 극복하기 위해 열차에 승차했다. 그리하여 "검은 기억은 전원(田園)에 흘러가고/속력은 서슴없이 죽음의 경사(傾斜)를 지"나고 있다. 화자가 탄 열차는 암울한 기억을 떨쳐버리고, 죽음과 같은 절망적인 상황을 탈출한다. 열차는 암울하고 절망적인 상황을 벗어날 만큼 속력을 내는데, 화자가 해방기의 혼란한 상황을 회피하거나 소극

---

20 위의 책, 38~39쪽.

적으로 순응하지 않고 인간다운 삶을 영위하기 위해 적극적으로 나아가는 모습이다. 자신이 겪는 상황을 일종의 과도기로 보고 새로운 세상을 추구하는 것이다.

화자가 탄 열차는 "미래에의 외접선(外接線)을 눈부시게 그으며" 달려 나간다. 그 "배경은 핑크빛 향기로운 대화"가 이루어진다. 내면에는 "청춘의 북받침"이 있고, 외면에는 "깨진 유리창 밖 황폐한 도시의 잡음"이 있지만, 화자는 "시야에 던진 채" "율동하는 풍경으로/활주"한다. "가난한 사람들의 슬픈 관습과/봉건의 터널 특권의 장막을 뚫"는 것은 물론 "피비린 언덕 넘어"로 달려가는 것이다. 그리하여 "광선의 진로를 따"라 달려간 열차가 다다른 곳엔 "황홀한 영원의 거리가 있"다. "열차가 지나온" "밤"에 이르면 "커다란 고난과 노동의 불이 빛"나는 것이다. "혜성보다도" 밝고 "아름다운 새날보담도 밝"은 그곳은 스펜더가 추구하는 이상향이기도 하다.

> 최초의 간명(簡明)한 굳센 선언 뒤
> 피스톤의 검은 성명(聲明) 뒤 떠들어대지도 않고
> 여왕처럼 미끄러지면서 열차는 정거장을 나선다
> 머릴 숙이지 않고 억제된 무관심으로
> 열차는 바깥에 겸손히 밀려드는 집들을
> 가스 공장을, 그리고 마지막으로 공동묘지의
> 묘석에 인쇄된 무거운 죽음의 페이지를 지나친다
> 도시 저쪽에 전원(田園)이 열린다
> 거기에서 열차는 속도를 더하고
> 대양 항행선의 반짝이는 침착, 신비를 획득한다

급행열차가 노래하기 시작하는 것은 이때다—
첨엔 낮은 낮은 소리로 그리곤 높게
나중엔 재즈의 미친 것 같은 훤소(喧騷)—
커브에서 새된 소릴 지르는 기적(汽笛), 귀를 잡아 찢는 터널
브레이크 헤아릴 수 없는 볼트의 노래
그리고 언제나 아래쪽에선 가볍게 공기처럼
의기양양한 바퀴의 율동이 뒤를 흐른다
궤도 위 금속의 풍경 사이에 김을 토하면서
새하얀 행복의 새로운 시대를 던져 넣는다
거기에선 스피드가 기묘한 모양새 넓은 커브
탄도(彈道)처럼 산뜻한 평행선을 던져 올린다
드디어 애딘버러 로마보다도 멀리
세계의 돌출부 저쪽에서 열차는 밤에 도착한다
거기에선 흔들리는 구릉 위 낮은 유선형(流線型)의
인광(燐光)의 반짝임만이 밝다
아아 화염(火焰)을 건너는 혜성처럼 열차는
매혹되어 자신의 노래에 싸여서 내닫는다
새의 노래 귀여운 순이 돋는 나뭇가지도 따라올 수 없는 노래에 싸여서
　　　　　　—스펜더, 조향 역, 「급행열차」 전문[21]

After the first powerful, plain manifesto

---

21 조향, 「인환과 '후반기'」, 『세월이 가면』(김광균 외), 근역서재, 1982, 128~129쪽.

The black statement of pistons, without more fuss

But gliding like a queen, she leaves the station.

Without bowing and with restrained unconcern

She passes the houses which humbly crowd outside,

The gasworks, and at last the heavy page

Of death, printed by gravestones in the cemetery.

Beyond the town, there lies the open country

Where, gathering speed, she acquires mystery,

The luminous self-possession of ships on ocean.

It is now she begins to sing— at first quite low

Then loud, and at last with a jazzy madness—

The song of her whistle screaming at curves,

Of deafening tunnels, brakes, innumerable bolts.

And always light, aerial, underneath,

Retreats the elate metre of her wheels.

Streaming through metal landscapes on her lines,

She plunges new eras of white happiness,

Where speed throws up strange shapes, broad curves

And parallels clean like trajectories from guns.

At last, further than Edinburgh or Rome,

Beyond the crest of the world, she reaches night

Where only a low stream-line brightness

Of phosphorus on the tossing hills is light.

Ah, like a comet through flame, she moves entranced,

Wrapt in her music no bird song, no, nor bough

Breaking with honey buds, shall ever equal.[22]

"열차"는 "굳센 선언"을 한 뒤 "정거장을" 출발한다. "밀려드는 집들" 이며 "가스 공장을, 그리고 마지막으로 공동묘지의/묘석에 인쇄된 무거운 죽음의 페이지를 지나" 치며 달려 나간다. 그리하여 "도시 저쪽에 전원(田園)이 열"리는데, "거기에서 열차는 속도를 더" 해 "대양 항행선의 반짝이는 침착, 신비를 획득한다". 그러한 세계에서 "급행열차"는 "노래하기 시작"한다. "첨엔 낮은 낮은 소리로 그리곤 높게/나중엔 재즈의 미친 것 같은" 노래를 부른다. "의기양양한 바퀴의 율동이 뒤를 흐"르는 것이다. 결국 "세계의 돌출부 저쪽에서 열차는 밤에 도착"하는데, "궤도 위 금속의 풍경 사이에 김을 토하면서/새하얀 행복의 새로운 시대"에 닿는 것이다. "인광(燐光)의 반짝임"이 밝고, "화염(火焰)을 건너는 혜성처럼 열차는/매혹되어 자신의 노래에 싸"인다. "새의 노래"도, "귀여운 순이 돋는 나뭇가지도 따라올 수 없"을 정도로 활기차게 노래 부른다. 이렇듯 화자는 "급행열차"를 타고 자신이 희망하는 세계로 달려 나가고 있는 것이다.

스펜더는 서구 사회를 파멸적 요소가 축적된 곳으로 파악하고 뉴컨트리파 시인들과 함께 해결하려고 나섰다. 그 시기는 스펜더가 공산당에 입당한 때로 엘리엇과는 단절된 상황이었다. 그리하여 스펜더는 르네상스 이후의 휴머니즘이 감상주의와 개인주의에 의해 타락하고 있다고 진단하고 뉴휴머니즘(New Humanism)을 추구했다. 시인은 사회적인 책임을 져

---

22 위의 책, 129~130쪽.

야 하는 존재라고 주장하고 순수하고 개인적이고 전통적인 것보다는 폐쇄된 공장이나 황폐한 도시를 담아낸 것이다.

1929년 미국 월 스트리트(Wall Street)에서 발생한 대공황은 서구 각국에 심각한 영향을 끼쳤다. 실업과 빈곤이 증가하자 군국적인 국가주의가 제창되어 히틀러(Adolf Hitler)가 정권을 장악하기에 이르렀다. 히틀러의 등장은 유럽의 평화와 자유에 심각한 위협을 주었고, 영국 청년들과 지식인들은 소련의 완전 고용과 생산 증대를 이루는 발전에 주목했다. 그리고 동포의 다수가 빈곤과 불안에 떨고 있는 데 비해 자신들은 안락하고 자유로운 생활을 즐기고 있다는 죄악감을 가졌다.

스펜더를 비롯한 오든 그룹의 시인들은 당시까지 엘리엇의 영향을 강하게 받고 있었다. 전통적인 시작 방법에서는 볼 수 없었던 일상 회화나 현대 문명의 이미지를 과감히 사용하는 엘리엇에 큰 관심을 가졌던 것이다. 그렇지만 문제의 해결과 동포의 구제를 모색하는 과정에서는 다른 선택을 했다. "英國人다운 노력에서 그들은 Eliot처럼 宗敎的 立場에 서지 않고 共産主義의 解決方案을 선택"[23]한 것이다.

이처럼 스펜더는 시대 상황을 자각하고 민주주의 의식을 가지고 행동했다. 1957년 도쿄에서 열린 국제 펜대회에 스펜더가 참석했을 때 10여 명의 한국 참가자들이 왜 한국을 방문하지 않았느냐고 질문하자 "이승만 같은 독재자가 통치하는 나라라고 가고 싶지 않았다"[24]라고 대답할 정도로 그는 사회의식이 강했다. 박인환은 스펜더의 그와 같은 사상과 실천 행동을 본보기로 삼고 모더니즘 시를 추구했던 것이다.

---

23 스티이븐 스펜더, 『스티이븐 스펜더』, 범대순 역, 탐구당, 1987, 11쪽.
24 김종길, 『내가 만난 영미 작가들』, 서정시학, 2009, 42쪽.

3. 결론

이상에서 살펴보았듯이 박인환은 엘리엇과 스펜더의 시론을 적극적으로 수용하면서 모더니즘 시를 추구했다. 동시대의 시단에서 모더니즘 시에 대한 이론이 미비한 상황이었기 때문에 서구의 시론을 수용한 것은 자연스러운 모습으로 볼 수 있다. 다시 말해 1930년대에 김기림이 모더니즘 시 운동을 추구했지만 해방기 이후의 시대를 반영하는 데 한계를 갖는 것이어서 극복될 필요가 있었다. 또한 현실과 유리된 시 세계를 추구하는 전통적인 서정주의 시 역시 극복될 필요가 있었다. 그리하여 박인환은 엘리엇과 스펜더의 시론을 토대로 모더니즘 시를 추구한 것이다.

박인환은 해방기 이후 새로운 시대가 요구하는 새로운 시를 모더니즘 문학 내지 모더니즘 운동으로 반영했다. 자신이 살아가는 황폐한 사회의 불안한 분위기에 압도당하는 것을 느끼고, "그것이 바로 인간의 존엄성을 무시하려는 '이데올로기'의 침입으로 인한 불안이라면, 우리는 오늘날 흥분된 추상적인 애국시라든가, 하물며 현실과 유리한 소위 순수주의로서는 이에 대항할 수 없음을 너무나 잘 알고 있기 때문에 하나의 새로운 실험을 하"[25]겠다고 선언한 것이다.

박인환은 엘리엇의 시론을 모더니즘 시의 경전으로 삼았다. 엘리엇이 종래의 시가 추구해온 세계 인식과 형식을 전면적으로 거부하고 새로운 시 형식으로 현대 사회를 반영하려고 한 점에 동의한 것이다. 그러면서도 엘리엇이 종교적인 차원으로 인간의 구원을 모색한 것에 동의하지 않고 사회적인 차원으로 극복하려고 한 스펜더의 시론을 따랐다. 스펜더는

---

25 김경린, 『한국 모더니즘 시운동 대표 동인 시선』, 앞선책, 1994, 24쪽.

경제 공황으로 실업이 증가하는 등 유럽 국가들의 상황이 악화되자 시인으로서의 사회적인 역할을 제시했는데, 혼란한 해방기와 한국전쟁의 참상을 겪은 박인환은 스펜더와 같은 세계 인식에 전적으로 동의한 것이다. 그리하여 문학이 시대와 사회의 현실과 분리될 수 없다는 스펜더의 주장을 자신이 추구하는 모더니즘 시의 방향으로 삼았다.

> 이 세대는 세계사가 그러한 것과 같이 참으로 기묘한 불안정한 연대였다. 그것은 내가 이 세상에 태어나고 성장해온 그 어떠한 시대보다 혼란하였으며 정신적으로 고통을 준 것이었다.
> 시를 쓴다는 것은 내가 사회를 살아가는 데 있어서 가장 의지할 수 있는 마지막 것이었다. 나는 지도자도 아니며 정치가도 아닌 것을 잘 알면서 사회와 싸웠다.
> —「『선시집』후기」[26]

"참으로 기묘한 불안정한 연대"는 해방기와 한국전쟁 시기를 나타낸다. 박인환에게 그 시기는 "내가 이 세상에 태어나고 성장해온 그 어떠한 시대보다 혼란하였으며 정신적으로 고통을" 주었다. 학생 신분으로 일제 강점기 동안 겪은 고통도 무시할 수 없지만, 한 가정의 가장으로서 또 시인이자 기자로서 감당해야 할 한국 사회의 혼란과 한국전쟁의 참상은 감내하기 어려웠던 것이다.

그렇지만 박인환은 해방기의 혼란과 한국전쟁으로 인한 고통을 회피하지 않고 맞서나갔다. "시를 쓴다는 것"을 혼란한 "사회를 살아가는 데 있어서 가장 의지할 수 있는 마지막 것"으로 삼고 민족 공동체를 무너뜨린 한국

---

[26] 박인환, 『선시집』, 산호장, 1955, 238쪽.

전쟁의 불안과 공포와 폭압에 항거했다. "지도자도 아니며 정치가도 아닌 것을 잘 알면서"도 상실된 휴머니즘을 회복하기 위해 해방기 이후의 모더니즘 시 운동을 주도해나간 것이다.[27]

---

27 이 논문은 『동서비교문학저널』 제41호, 한국동서비교문학학회, 2017에 수록된 것이다.

엮은이 맹문재

편저로 『박인환 산문 전집』 『박인환 평론 전집』 『박인환 영화평론 전집』 『박인환 시 전집』 『박인환 번역 전집』 『박인환 전집』 『박인환 깊이 읽기』 『김명순 전집-시·희곡』 『김규동 깊이 읽기』 『김남주 산문 전집』, 시론 및 비평집으로 『한국 민중시 문학사』 『지식인 시의 대상애』 『현대시의 성숙과 지향』 『시학의 변주』 『만인보의 시학』 『여성시의 대문자』 『여성성의 시론』 『시와 정치』 『현대시의 가족애』 등이 있음. 고려대 국문과 및 같은 대학원 졸업. 현재 안양대 국문과 교수.

박인환 시 전집

초판 인쇄 2025년 8월 22일
초판 발행 2025년 8월 31일

지은이_박인환
엮은이_맹문재
펴낸이_한봉숙
펴낸곳_푸른사상사

주간 · 맹문재 | 편집 · 지순이 | 교정 · 김수란
등록 · 1999년 7월 8일 제2-2876호
주소 · 경기도 파주시 회동길 337-16(서패동 470-6)
대표전화 · 031) 955-9111~2 | 팩시밀리 · 031) 955-9114
이메일 · prun21c@hanmail.net
홈페이지 · http://www.prun21c.com

ⓒ 맹문재, 2025

ISBN 979-11-308-2318-8   93810

값 27,000원

저자와의 합의에 의해 인지는 생략합니다.
이 도서의 전부 또는 일부 내용을 재사용하려면 사전에
저작권자와 푸른사상사의 서면에 의한 동의를 받아야 합니다.
이 도서의 본문 레이아웃에 대한 권리는 푸른사상사에 있습니다.